U0489490

启航吧知识号

课后全方位

我想快快长大

米莱童书 著/绘

北京理工大学出版社
BEIJING INSTITUTE OF TECHNOLOGY PRESS

版权专有　侵权必究

图书在版编目（CIP）数据

我想快快长大 / 米莱童书著绘. -- 北京 : 北京理工大学出版社, 2025. 1.
(启航吧知识号).
ISBN 978-7-5763-4578-0

Ⅰ. C912.3-49

中国国家版本馆CIP数据核字第2024DY4716号

责任编辑：芈　岚　　**文案编辑**：芈　岚
责任校对：刘亚男　　**责任印制**：王美丽

出版发行 / 北京理工大学出版社有限责任公司
社　　　址 / 北京市丰台区四合庄路6号
邮　　　编 / 100070
电　　　话 / (010)82563891(童书售后服务热线)
网　　　址 / http://www.bitpress.com.cn

版 印 次 / 2025年1月第1版第1次印刷
印　　刷 / 北京尚唐印刷包装有限公司
开　　本 / 710 mm x1000 mm　1/16
印　　张 / 9.5
字　　数 / 170千字
定　　价 / 38.00元

图书出现印装质量问题，请拨打售后服务热线，负责调换

前言

也许你有过这样的经历：打开一本沉甸甸的书，翻不了几页就觉得索然无味，硬着头皮翻下去，感觉已经看了很久，可一抬眼，发现才过去了几分钟；可打开喜欢的游戏，不知不觉，小半天的时间就像沙漏里的沙子一样，无声无息地流逝了。为什么读书时觉得"度日如年"，玩游戏时却欲罢不能？这是因为我们的意志力不够坚定吗？

当然不是！其实，游戏只是恰好利用了大脑的奖励机制，通过种种设定，给玩家带来新鲜感和刺激感，让玩家的大脑不断释放多巴胺，使玩家欲罢不能。说到这里，我们不禁要问：我们能不能也利用大脑的奖励机制，让自己爱上学习呢？答案是肯定的：当然可以！

当我们了解了自我之后，很多生活中的难题就迎刃而解了。

在这本书中，我们将一起迎来一个新的计划——自我成长训练计划。这个计划中，一共有5个台阶：第一个台阶，我们要认识真正的自我，从生理到心理，你将会发现自己的"秘密"；第二个台阶，我们会一起了解这个社会，了解和每个人相处的小秘诀；第三个台阶，我们将目光转回到自己的身上来，看看我们的学习生活是不是还有小的"窍门"可以走；第四个台阶，我们就可以发挥一下好奇心了，一起去生活中发现无处不在的知识；最后一个台阶，考验的就是我们的"操作"能力了，看看谁能真的把知识应用到我们的生活中。

每一个台阶都需要我们踏踏实实地走上去，所以现在，你准备好了吗？让我们一起快快长大吧！

目录

第一章 认识自己——了解真正的自我 ……… 6
- Day1 你从哪里来? ……… 8
- Day2 谁在向我们的身体发号施令? ……… 14
- Day3 我的样子谁做主? ……… 22
- Day4 每个人都有个性 ……… 28
- Day5 认识我们的情绪 ……… 32
- 章节小练 ……… 40

第二章 社会交往——培养高情商 ……… 42
- Day1 学会做自我介绍 ……… 44
- Day2 学会接受每个人的不同 ……… 46
- Day3 学会正确处理矛盾,向"欺负"说不 ……… 54
- Day4 学会处理好和父母的关系 ……… 60
- Day5 学会适应这个社会 ……… 70
- 章节小练 ……… 74

第三章 高效学习——提高学习力 76
Day1 高效学习的关键——注意力 78
Day2 学会劳逸结合 82
Day3 学会利用遗忘曲线 88
Day4 学会激发自我效能感 90
Day5 学会摆脱拖延症 96
章节小练 100

第四章 学会观察——向生活学习 102
Day1 保持好奇心 104
Day2 小事物带来的大灵感1——防毒面具 108
Day3 小事物带来的大灵感2——声呐 112
Day4 拍脑袋迷思1——多印钱人人就能富有了吗 116
Day5 拍脑袋迷思2——神奇的商品价格 120
章节小练 124

第五章 学会应用——用知识改变生活 126
Day1 用物理知识方便生活 128
Day2 用化学知识方便生活 132
Day3 用生物知识造福世界 136
Day4 用经济知识武装自己1——理性消费 140
Day5 用经济知识武装自己2——维护合法权益 146
章节小练 148

后记 150
答案 151

第一章 认识自己
——了解真正的自我

每天早上，当你对着镜子刷牙洗脸的时候，你有没有认真仔细地观察过自己呢？你的眼睛是单眼皮还是双眼皮？你的嘴巴是大还是小？你又有没有好奇过，为什么每个人长得都不一样？是什么决定了我们的样子呢？

如果你偶尔会冒出这些疑问的话，那么欢迎你翻开下一页，开启一场"认识自己"之旅。在这里，你能一步一步地了解自己，发现自己，接纳自己，完善自己……

最开始的你，还是一个小小的细胞，在妈妈的肚子里逐渐长大，直到成为一个新的生命诞生在这个世界；小时候的你，不会走路，只能用眼睛四处张望，好奇地探索着世界；渐渐地，你会走路了，可能会更喜欢四处走动，这里摸摸，那里摸摸，用手感受这个世界；等到你再大一点，认识了新朋友，能够了解更多的事情，有了各种各样的情绪，压力、快乐、愤怒、恐惧……

那你有没有想过，要如何应对这些会给我们带来影响的情绪呢？当你面临一场考试，感到压力很大时，该怎么缓解？当你失去自己心爱的玩具，感到难过时，该怎么

调整？当你一个人在家，突然停电，感到害怕时，该怎么办呢？

其实，在成长的路上，我们会经历越来越丰富的事情，感受到越来越复杂的情绪……这些都没关系，试着读下去，你会更加全面地认识自己，还会获得一些小方法，一步步成为更好的自己。

所以，不要犹豫，开始你的旅行吧！

Day1 你从哪里来？

在古希腊的德尔菲神庙里，刻着一句非常有名的话：认识你自己。是不是觉得很奇怪，谁会不认识自己呢？嘿嘿，这可不一定哦！

团团的成长相册

十个月大的团团，小手和小脚都胖嘟嘟的，不会走路，也不会说话，只能通过动作、简单的发音和哭笑等表情来表达需求。你看，照片里哇哇大哭的团团正在说："我饿了，我饿了……"

团团长大了一些，开始学习走路了，这可不是一件简单的事。为了学习走路，团团摔了很多跟头，但是他一点儿也没退缩，还在不断练习……

团团六岁了，要开始上学，进入新的世界，认识新朋友了。看他身轻如燕地向前飞奔，当时一定是发生了什么开心的事情。

> **秘密日记**
>
> 偷偷跟你说，上面所有的这些其实我自己都不知道，而是妈妈告诉我的。我们总以为自己足够了解自己，但是看看自己以前的照片，就会发现我们一直在成长和改变，对自己的认识还远远不够！

那团团是从哪里来的呢？你又是从哪里来的呢？

细胞的"分身"与"变身"

大自然中的万千生物都会长大。

长大并不是因为体内的细胞长大了,主要是因为它们变多了!

小时候的你小小的,可以被妈妈抱在怀里,可现在,你已经长大了,变成了一个小大人。那你想过吗,你是怎么一点点长大的呢?

你从刚出生到成年,体内的细胞数量会增加几十倍。

你大概想问，细胞是怎样变多的呢？

那就不得不提我们细胞的超能力了，那就是——细胞分裂！

分裂中……

简单来说，细胞分裂就是1个细胞一分为二，变成2个！

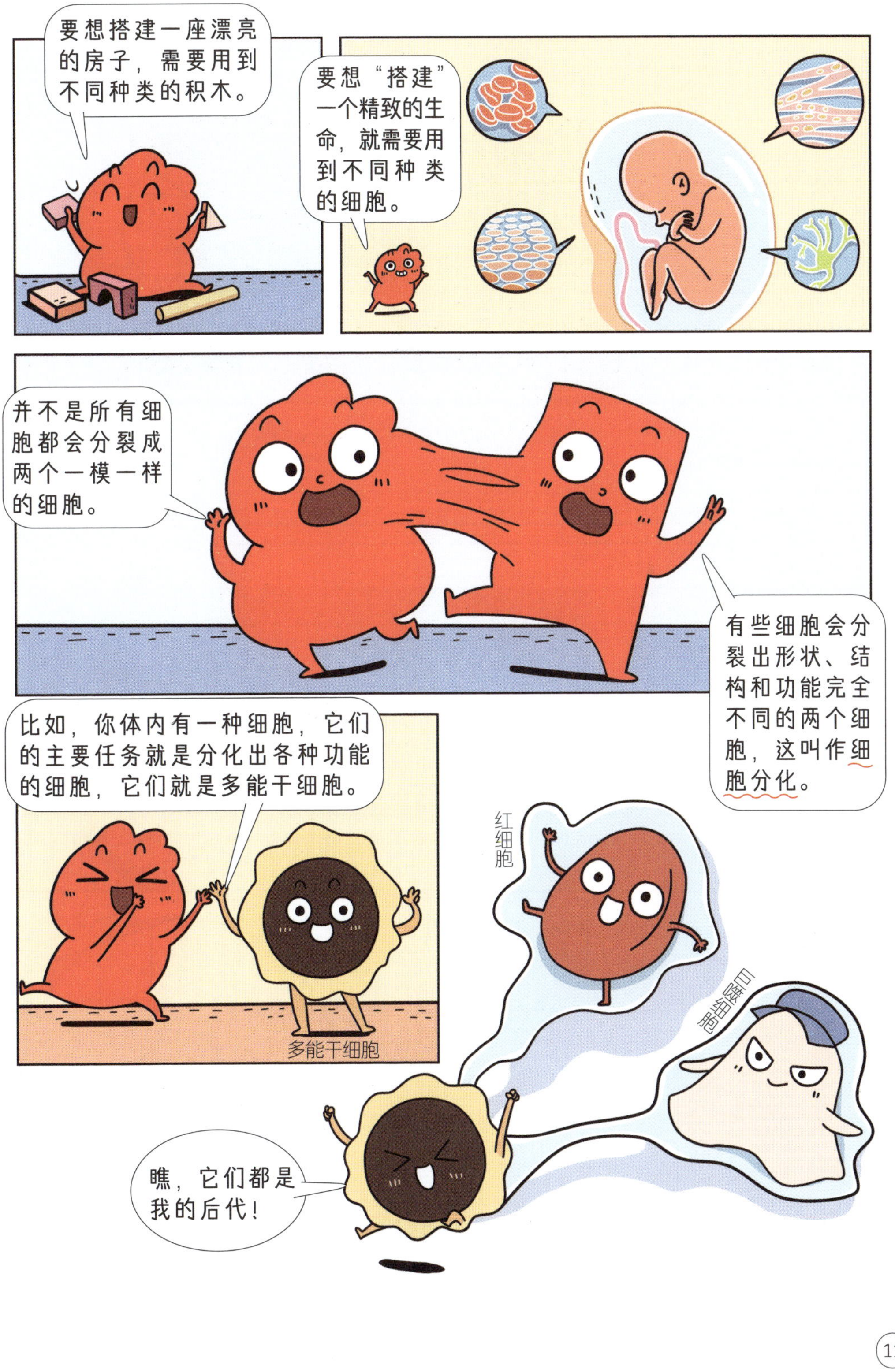
要想搭建一座漂亮的房子，需要用到不同种类的积木。
要想“搭建”一个精致的生命，就需要用到不同种类的细胞。
并不是所有细胞都会分裂成两个一模一样的细胞。
有些细胞会分裂出形状、结构和功能完全不同的两个细胞，这叫作细胞分化。
比如，你体内有一种细胞，它们的主要任务就是分化出各种功能的细胞，它们就是多能干细胞。
多能干细胞
红细胞
巨噬细胞
瞧，它们都是我的后代！

你全身上下一共有200多种细胞，它们全都起源于同一个细胞——受精卵！
嗨！我是受精卵。

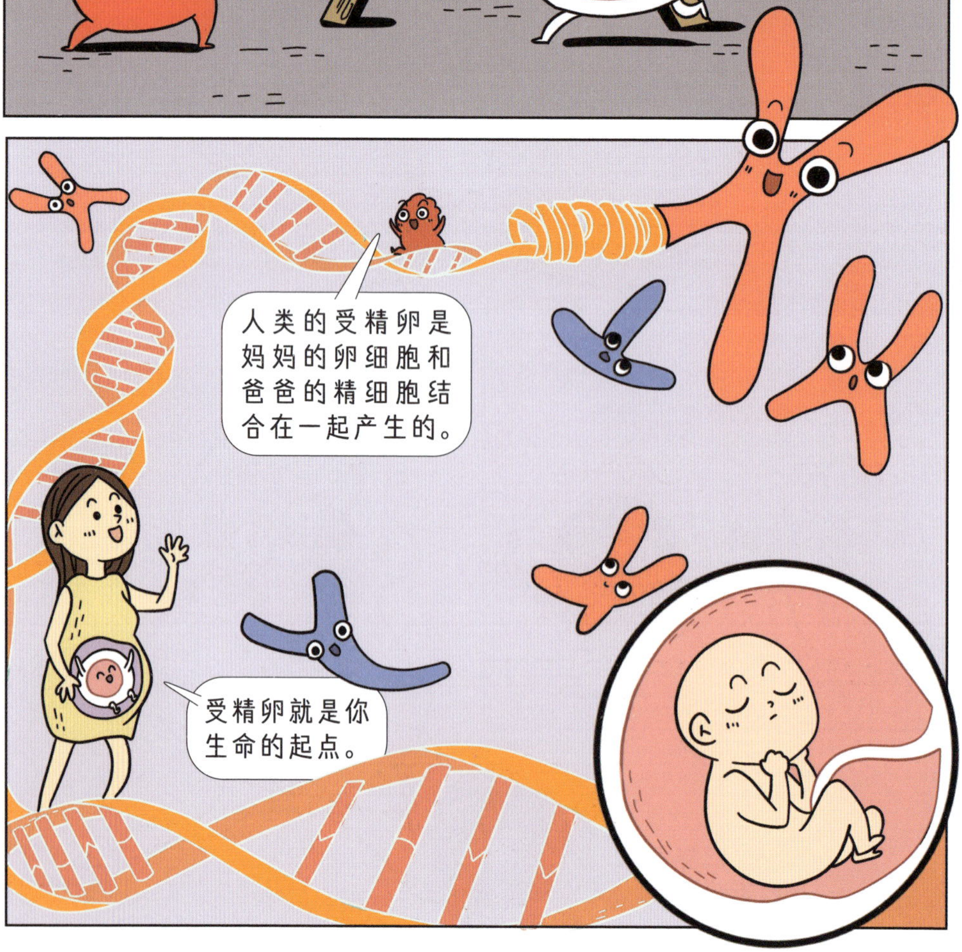
人类的受精卵是妈妈的卵细胞和爸爸的精细胞结合在一起产生的。
受精卵就是你生命的起点。

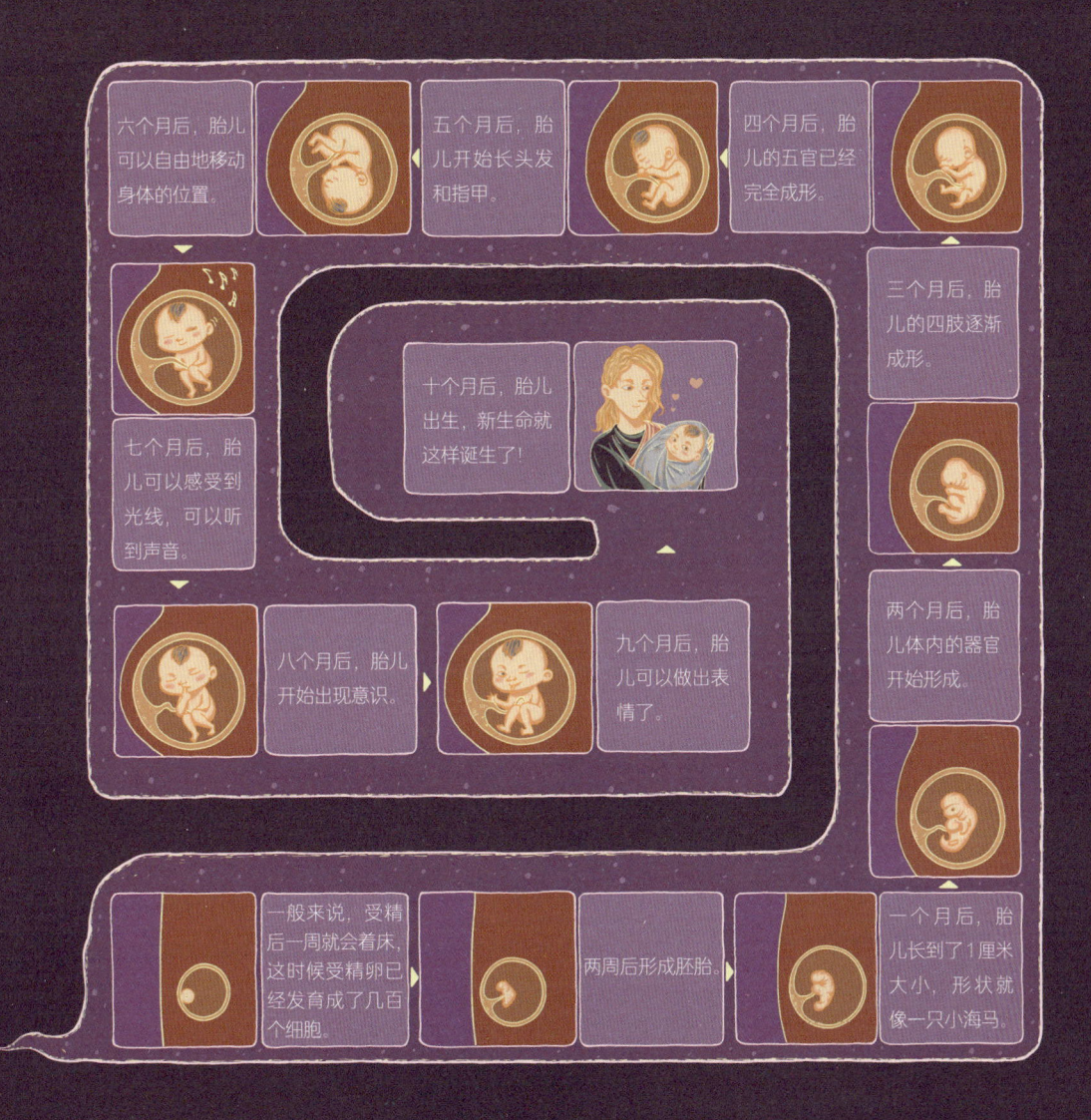

受精卵的成长之旅

- 六个月后，胎儿可以自由地移动身体的位置。
- 五个月后，胎儿开始长头发和指甲。
- 四个月后，胎儿的五官已经完全成形。
- 三个月后，胎儿的四肢逐渐成形。
- 七个月后，胎儿可以感受到光线，可以听到声音。
- 十个月后，胎儿出生，新生命就这样诞生了！
- 两个月后，胎儿体内的器官开始形成。
- 八个月后，胎儿开始出现意识。
- 九个月后，胎儿可以做出表情了。
- 一个月后，胎儿长到了1厘米大小，形状就像一只小海马。
- 一般来说，受精后一周就会着床，这时候受精卵已经发育成了几百个细胞。
- 两周后形成胚胎。

主编有话说

受精卵一开始会在妈妈的身体里旅行，居无定所，靠自己身体里的卵黄获取营养。直到在妈妈的子宫里找到舒适的位置，它便定居下来，这就叫"着床"。

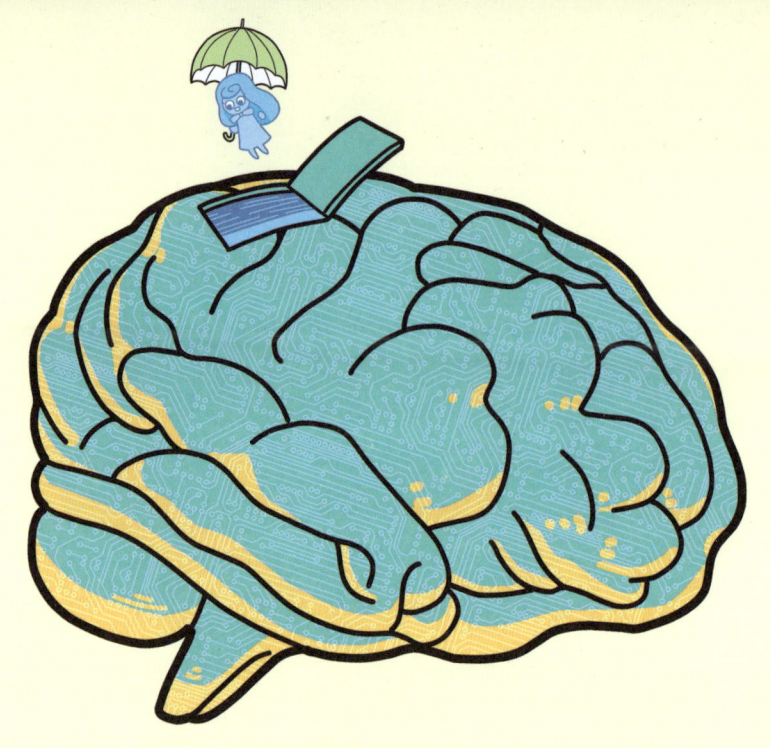

Day2 谁在向我们的身体发号施令？

你有过这样的经历吗？睡前喝了太多水，到了半夜，一阵强烈的尿意袭来，不得不揉着惺忪的睡眼爬起来去上厕所，香甜的好梦就这么被打搅了。你知道这是谁在"指挥"吗？没错，是大脑！

如果把人体比作一台复杂的机器，那么大脑毫无疑问就是这台机器的中央处理器，许多重要的生命行为都要在大脑的支配下才能正常运转。

比如我们运动时，各部位的肌肉有序配合，完成各个动作，这离不开大脑的运动功能；比如我们轻嗅鲜花会感受到芳香、触摸溪水会感受到清凉，这体现了大脑的感觉功能；比如我们学会说话、阅读、写作，能通过语言或文字与他人沟通，这与大脑的语言功能紧密相关；比如我们会产生喜怒哀乐等心情，这体现了大脑的情绪功能。总之，大脑是思维活动的物质基础，是人体名副其实的"司令官"。

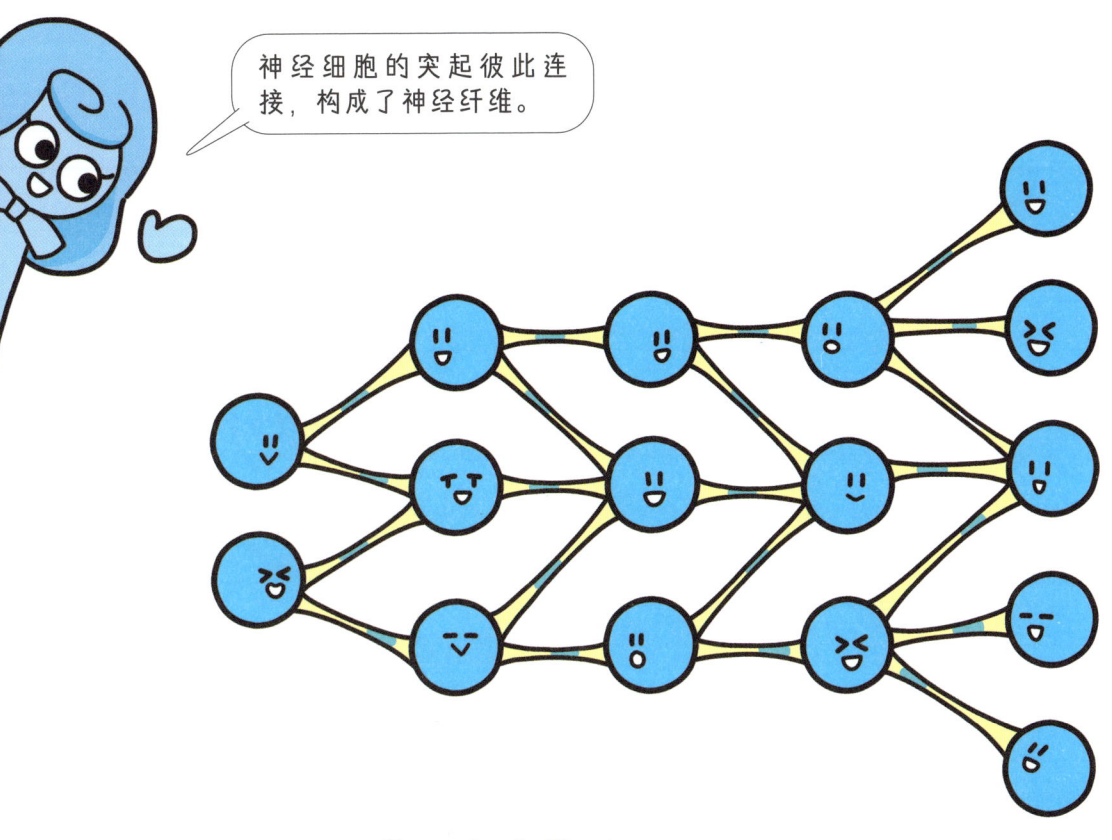

神经细胞的突起彼此连接，构成了神经纤维。

大脑怎样当好"司令官"？

大脑是怎样当好人体的"司令官"的呢？就像军队里的司令官一样坐镇指挥部，通过许多传令兵来获取各处情报，并给出自己的指令。大脑也有自己的"传令兵"，那就是神经纤维。

神经纤维相当于连接大脑和各个器官、部位之间的信息传输线，大脑发出的各个指令，通过神经纤维传递到身体相应的部位。比如钢琴家弹奏钢琴时，大脑就是通过正中神经、尺神经及桡神经来控制手指活动的；画家写生观察时，大脑就是通过动眼神经、滑车神经来控制眼球转动的；歌手演唱时，大脑就是通过喉返神经来控制声带发声的。

▶延伸知识

神经纤维是指神经细胞的突起和外膜结构，因纤细如纤维而得名，分布于人体各器官和组织的间隙。

什么是神经系统？

神经系统是机体内对生理功能活动的调节起主导作用的系统，分为中枢神经系统和周围神经系统两大部分。中枢神经系统包括脑和脊髓，周围神经系统包括脑神经和脊神经。每时每刻，甚至每分每秒，神经系统都在传输大量的信息，让大脑能进行认知和判断。

主编有话说

如果把人体内所有的神经连接起来，其长度足有300万千米，这是个多么惊人的数字啊！人体的神经系统犹如一张浩瀚的信息高速公路网，维系生理机能的各类信息分秒不息地穿梭飞驰。

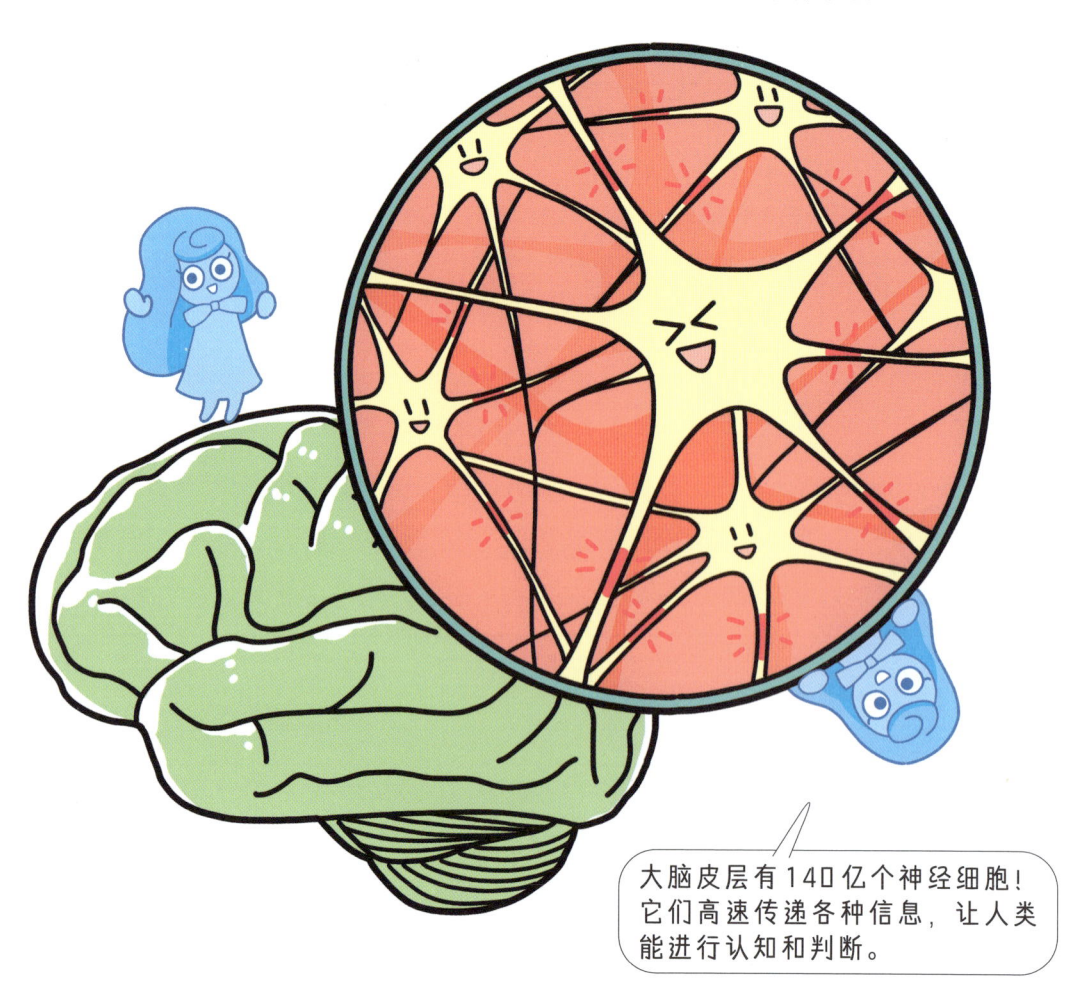

大脑皮层有140亿个神经细胞！它们高速传递各种信息，让人类能进行认知和判断。

神经系统能干啥？

简单地说，神经系统能对外界环境的刺激做出反应。神经系统的反应可以分成两类。不需要经过大脑，反射动作非常迅速，是天生就有的，就是非条件反射，比如我们不小心碰到很烫的东西时会迅速把手缩回来。

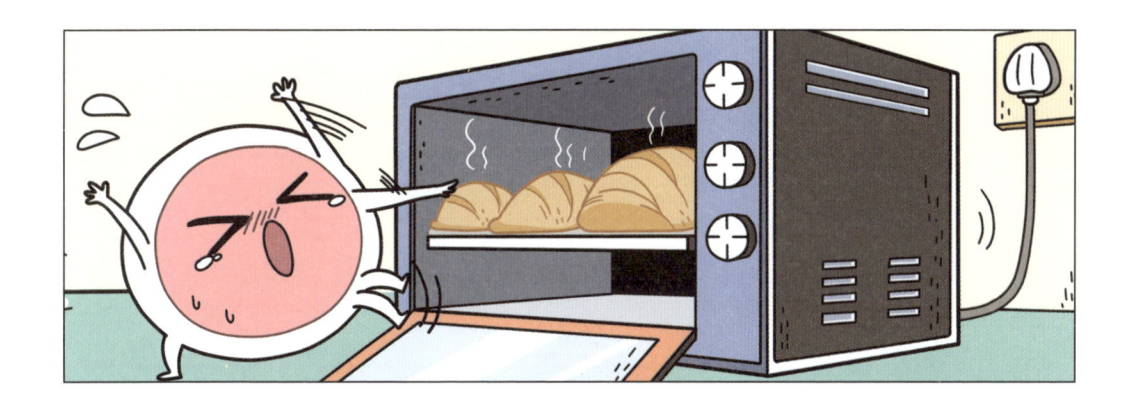

另一类是条件反射，需要通过后天的经验积累才能形成。比如成语"望梅止渴"的故事就是条件反射，士兵们一听到梅子嘴里就流出口水。

大脑也需要"热身"？

当我们刚刚起床时，
常常感觉迷迷糊糊还没睡醒；
当我们聚精会神投入学习、工作一段时间后，
会感觉清醒了很多，甚至"思如泉涌"。
大脑也像运动员一样，
需要"热身"后才能进入状态吗？

这是我们的小主人公团团，当他开始用脑时，大脑里是怎样的一番场景呢？

忙忙碌碌的神经元

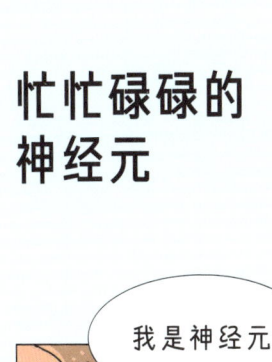

这是因为我们的身体中有一种叫神经元的细胞。人体中有上百亿个神经元，它们彼此联络，构成了完整的神经系统。

我是神经元

神经元

神经元会接收、传递各种各样的信息，并输出给神经系统来进行处理。随着神经元之间的信息传递越来越迅速，大脑也运转得越来越顺畅，也就是我们感受到的大脑反应敏捷、"思如泉涌"的状态。

在团团的大脑中，有数百亿个神经元。每时每刻，都有无数个神经元在为他工作！

哎呀，正在放电呢，我可得小心点儿！

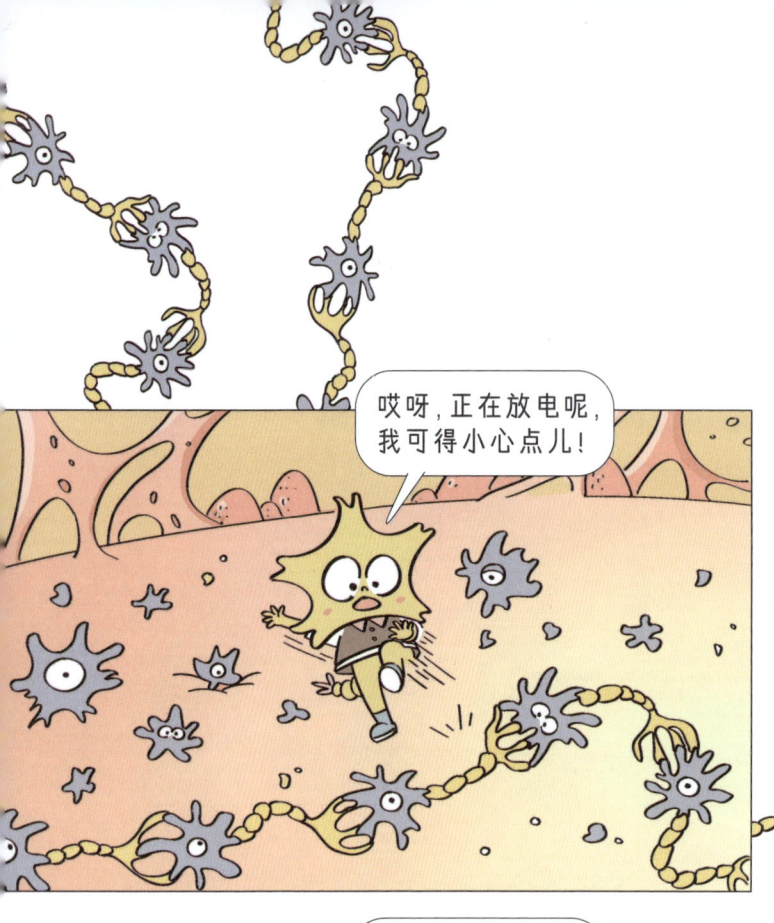

神经元细胞由细胞体和突起组成。外界的信息会转变为电信号，突起负责接收和传递电信号，突起分为树突和轴突两种。

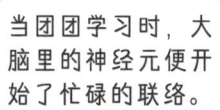

当团团学习时，大脑里的神经元便开始了忙碌的联络。

鹅鹅鹅……鹅鹅鹅……

在一个神经元内，电信号会从树突传递到轴突，再由轴突传递给下一个神经元，一个接一个犹如接力赛。这一切都发生在极短的时间内，就这样，电信号像上了高速公路，在神经系统里一路飞驰。

随着神经的兴奋传递，神经元之间的连接越来越强，这条信息高速公路也越来越通畅，我们也会感到动脑思考时的效率越来越高。

主编有话说

神经系统的信息传递，是通过神经信号来实现的。这些信号基于一个个神经元组成的神经纤维，进行远距离传递。神经元与神经元之间的信号传递是电化学反应，用专业术语叫"神经的兴奋传递"。

鹅鹅鹅，曲项向天歌。白毛浮绿水，红掌拨清波。

别挡路，让开让开！

Day3 我的样子谁做主？

生命从受精卵发育而来，并且在一开始就决定好了性状。也就是说，在我们还是一个小小的受精卵时，未来会长成什么样子就已经确定好了，因为这些信息都遗传自我们的父母。但是之后要怎样打扮自己，就由你自己决定了。那什么形象才是最好看的呢？

衣服
鞋子
发型
美颜
大家都来提提建议。
衣服
鞋子
发型
美颜
我觉得运动装好看，看起来有活力。
衣服
鞋子
发型
美颜
还是衬衫搭配休闲裤好看，显得成熟！
衣服
鞋子
发型
美颜
不过这样的话，团团的发型也需要调整，我看看……

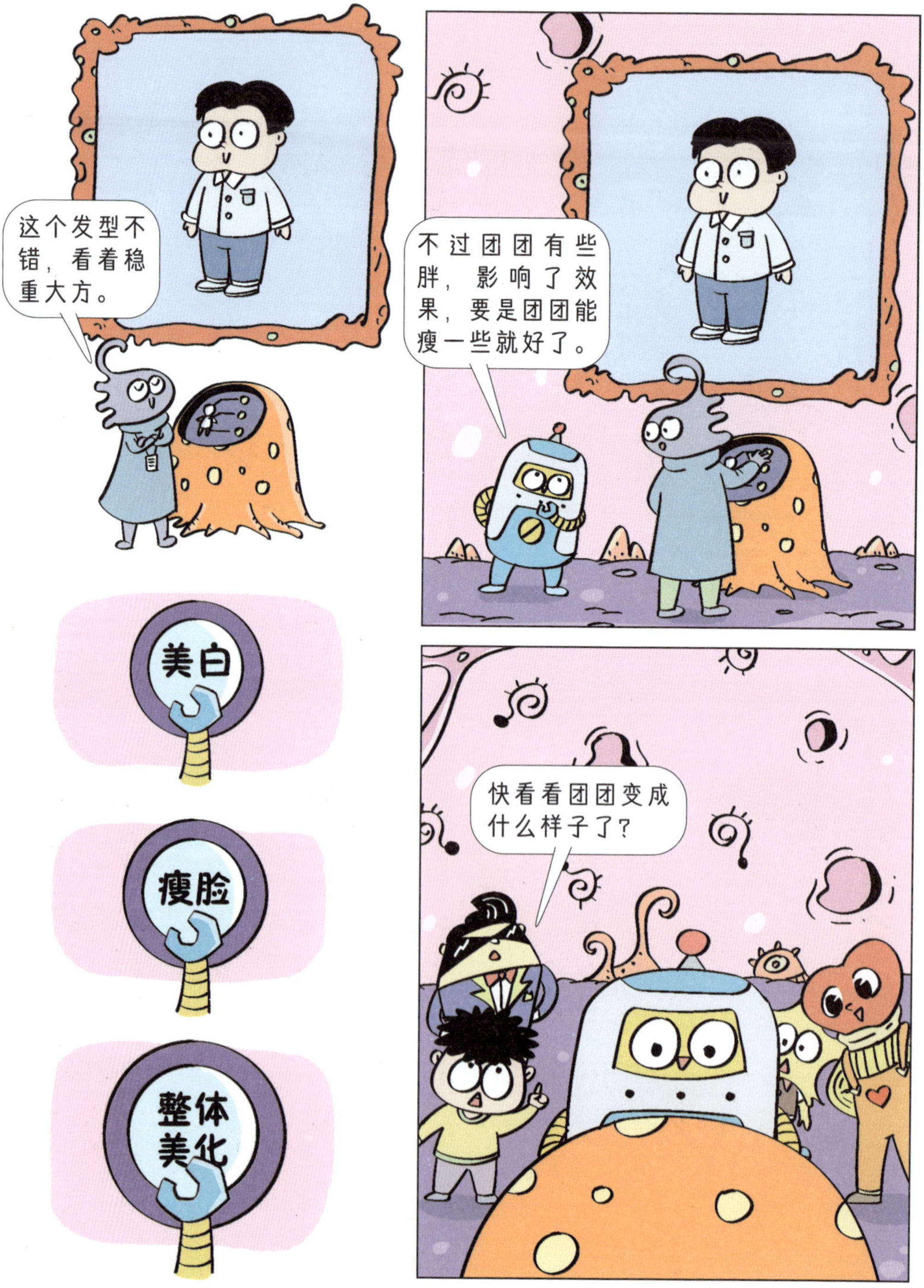
这个发型不错，看着稳重大方。
不过团团有些胖，影响了效果，要是团团能瘦一些就好了。
美白
瘦脸
整体美化
快看看团团变成什么样子了？

这是谁啊？！

我不认识这个人，这已经不是团团了！

一不小心，大家都陷入了轻微的"容貌焦虑"。

当团团对自己的形象不自信，过分在乎自己外在的缺点时，就会产生"容貌焦虑"。这时，团团眼中的自己是难看的。与此同时，他还非常在意别人看自己的眼光。

容貌焦虑让团团变得自我怀疑，心情低落，产生了很多没必要的烦恼。
没想到会这样，我们刚刚是有些反应过度了。
可是美与丑的标准是什么呢？
如果一个人因为自己长相的原因而自我嫌弃，那是因为他接受了别人关于美与丑的判断标准，并且觉得自己位于不美的一边。
美丑演变
这正是问题所在！美与丑其实是主观的，没有什么固定的标准。在我国，唐朝时人们以胖为美。在欧洲，中世纪的人们以圆润光亮的额头为美。
美丑演变

关于形象，据我多年观察，还有一个秘密就是人们总是过分高估自己在别人眼中的重要程度。因为别人随口的一句话而烦恼半天，真是没必要呢！

没错！如果太胖或太瘦影响到了身体健康，或者穿的衣服不整洁，是需要注意一下，至于别的，就不用啦！

所以，团团其实没必要不开心啊！真实、自信的团团才是最可爱的！

刚刚跟你开玩笑呢，你别当真！

Day4 每个人都有个性

尽责性代表的是人们做事的态度。尽责性高的人责任心强，做事认真负责。

外倾性低的人性格内向被动，喜欢独处。

外倾性是指一个人的一般行为倾向。外倾性高的人性格外向主动，喜欢热闹和分享。

宜人性低的人则对他人有更多的怀疑。

宜人性代表的是人们对待他人的态度。宜人性高的人善解人意，对他人很友好。

你发现了吗？在课堂上，老师请人上台展示时，有的人会非常积极地举手，而有的人则不会举手。这是因为每个人的性格都会有自己的特点和偏向，所以会产生不同的反应。

稳定性代表的是人们的情绪状态。稳定性高的人情绪比较平稳放松。
尽责性低的人责任心弱，做事马虎，喜欢应付。
开放性低的人更加务实，比较传统和保守。
稳定性低的人则容易感到担忧、紧张和不安。
开放性代表的是一个人对外界事物的认知风格。开放性高的人对外界事物充满好奇心，喜欢探索。

发现你的个性

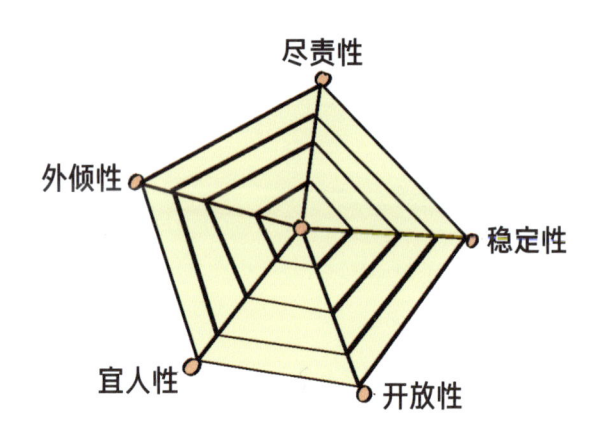

据不完全统计，词典里描述性格特点的词汇有上万个，但是心理学家们通过反复的研究发现，我们可以对这些词汇进行筛选和归纳，这就有了"大五人格"。"集齐"这五种特性，可以描述出一个人的基本个性特征。虽然不是面面俱到，但已经比较全面了。

外向 乐观 成熟 稳重 幼稚 正直 执拗 体贴 慢条斯理 莽撞 被动 温柔 平和 多愁善感 倔强 开朗 迟钝 活泼 脾气暴躁 思想开放 心地善良 冲动 冷漠 认真细心 诚实坦诚 瞻前顾后 老实巴交 豪放不羁 犹豫不决 热情 健谈 内敛 洒脱 深沉 豁达

你有没有听说过，词典里描述性格特点的词汇有上万个呢！

什么？！

就像做饭时加入不同量的调料会做出不同口味的饭菜，五种特性的不同倾向就形成了每个人独特的个性。想一想，你是什么样的呢？

1. 跟别人交谈时，你总是能很快地回答别人的问题吗？　是的　不是
2. 相比于一个人待着，你更喜欢跟大家在一起吗？　是的　不是
3. 你喜欢在充满神秘感的洞穴里探险吗？　是的　不是
4. 你有许多朋友吗？　是的　不是
5. 交新朋友时，通常是你采取主动吗？　是的　不是
6. 你经常给朋友讲笑话或者好玩的故事吗？　是的　不是
7. 你的课余爱好和娱乐活动很丰富吗？　是的　不是
8. 你认为自己是一个无忧无虑的人吗？　是的　不是
9. 你很喜欢外出玩耍吗？　是的　不是
10. 你喜欢乘坐开得很快的摩托车吗？　是的　不是
11. 你爱生气吗？　是的　不是
12. 有许多事情让你烦恼吗？　是的　不是
13. 你会无缘无故地觉得特别高兴或者特别悲伤吗？　是的　不是
14. 你总是担心会发生一些可怕的事情吗？　是的　不是
15. 如果你觉得自己做了一件蠢事，会后悔很久吗？　是的　不是
16. 你因为苦恼一些事情而失眠过吗？　是的　不是
17. 你有时会不安，以至于不能静静地在椅子上坐一会儿吗？　是的　不是
18. 当别人发现你的错误或者缺点时，你容易伤心吗？　是的　不是
19. 你会做许多噩梦吗？　是的　不是
20. 你很容易感到厌烦吗？　是的　不是

答案解析

算出你的快乐值。问题 1~10 与"是的"的数量越多，说明你的快乐性格可能倾向越高；如果选择"不是"越多，重多，说明你的快乐性格可能倾向越低。问题 11~20 与"是的"的数量越多，说明你的情绪越不稳定；如果选择"不是"越多，说明你的情绪越可能比较稳定。

主编有话说

这种通过回答问题来了解人的个性特点的方式叫作人格测验。人格测验在生活中很常用，它可以帮助人们选择适合自己的专业和职业。

Day5
认识我们的情绪

在生活中，事情总会受到很多因素的影响，其中有些因素是我们可以控制的，而有些则是我们不能控制的。比如我们可以控制自己几点起床，但不能控制起床时一定是晴天；我们可以控制自己按时给种子浇水，但不能控制种子一定会发芽；我们可以控制自己笑着跟别人说话，但不能控制别人一定会笑着回应我们……

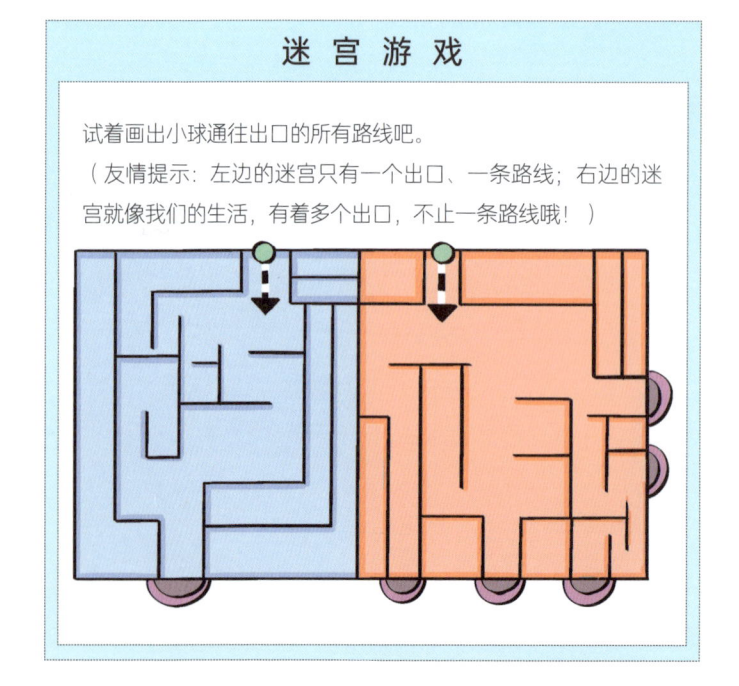

迷宫游戏

试着画出小球通往出口的所有路线吧。

（友情提示：左边的迷宫只有一个出口、一条路线；右边的迷宫就像我们的生活，有着多个出口，不止一条路线哦！）

当事与愿违时，我们难免会感到失落，甚至气愤；但这些生活中的不确定因素，在带给我们麻烦的同时，也带来了更丰富的可能性。所以，一旦我们意识到自己被这些因素影响时，就要及时调节自己的情绪。

原始脑

情绪脑

理性脑

认识我们的大脑

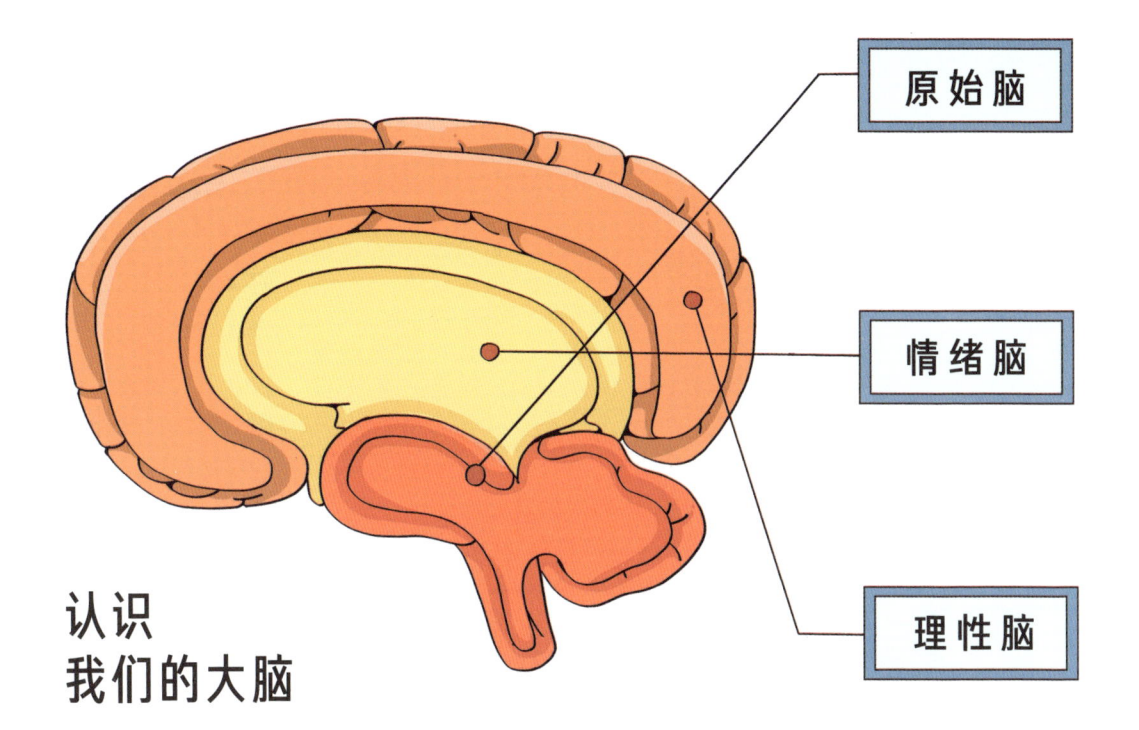

早在远古时期，情绪就被"装载"进了人类的大脑里，是陪伴人类生存和发展的亲密伙伴，历史非常久远。实际上，人类有三种不同的大脑，每种大脑分别是在进化过程中的不同阶段发展出来的，并且依次层叠排布。

"情绪脑"位于人类大脑的中间层，也叫"哺乳动物脑"，里面有边缘系统等结构，跟强烈的情绪反应密切相关。最底层的是"爬虫脑"，又称"原始脑"，是最早进化出来的大脑组成部分，负责控制呼吸等本能的行为。在顶部和最外面的是"新皮层"，它是最新的大脑，也称"理性脑"，支撑着语言、思维、理解和自我控制等高级功能。

> **主编有话说**
>
> 大脑的结构分布，使突发事件的信息传到情绪脑的速度比传到大脑皮层的速度更快，所以情绪脑得到信息后，便会迅速指挥身体做出相应的反应，我们称之为情绪的"直接反应模式"。

情绪摄像头

哈喽，大家好啊！我是主持人元元，也是神经元的一分子。今天第一位接受我们采访的是恐惧指挥官，我们请他先做个自我介绍吧！

我叫恐惧，是情绪的一种。大家常说的"害怕"是我的另一个名字。当人们面临危险情境，想要摆脱又无能为力的时候，我就会占据大脑，开始指挥。

当我上场指挥时，会给人们的身心健康带来不好的影响。比如人们可能会产生心跳加速、血压升高、脸色苍白、四肢无力等症状，甚至可能出现失去知觉、失去记忆、无法思考的情况。不过……

不过你也是有用的，这些我都知道，其实我更想多了解一些关于压力的信息。

比如，压力都有哪些种类呢？

大家会把压力按照程度进行分类，有轻度压力、中度压力、重度压力和破坏性压力四种。适度的压力会催人奋进，但过大的压力是人体的敌人。

当感觉压力大时要怎样进行调节呢？

有很多可行的办法。
因为学业或考试而压力过大时，要学会放松。在学习之余多运动，劳逸结合才能让大脑得到充分的休息。切记不要熬到深夜突击复习，保持充足的睡眠才能让注意力更加集中，让记忆力更加牢固。
压力大时也少不了他人的陪伴。把烦心事跟家人和朋友们说一说，他们会给你温暖的拥抱和可靠的建议。

事情都会过去的，等过去后再回顾，当时的压力其实也没那么大嘛！

愤怒是个爱惹麻烦的家伙，会使人暴跳如雷，进而阻碍与他人的情感交流；还会让人食欲不振，不想好好吃饭。除此之外，还可能引起高血压、溃疡、失眠等疾病。所以，千万别随便让愤怒指挥官掌管控制台哦！

唉，你一定觉得我是个只能带来危害的坏家伙，但其实我的作用是很大的！在遇到困难时，我可以激发出力量来让人们直面困难，迎接挑战。

只不过当情绪强烈时要小心应对，才能发挥我的"优势"。

那如何应对愤怒才是正确的呢？

可以独自待一会儿，多做几次深呼吸，这能让心情平静一些。准备一个“心情记事本”也是个好主意，在纸上写下自己的感受也能让人放松下来。
另外，比起哭闹和喊叫，讲清楚自己不开心的原因，更能得到爸爸妈妈、老师及朋友的帮助。
心情记事本
同时，“注意力转移大法”也值得学习。如果越想越气，干脆就不要去想，找朋友一起玩游戏、看喜欢的漫画书等，都能让自己不再气愤。
那么这些方法也适用于其他指挥官吗？
其他指挥官的故事，就由它们亲自讲给你听吧！

首先，恭喜悲伤被大家选为最冷静睿智的情绪指挥官！
奖状
感谢大家对我的认可，我会再接再厉的！

那么悲伤指挥官有什么秘诀想要分享给大家吗？
要想把工作处理好，积累经验少不了。我就是在不断处理悲伤事件的过程中变得越来越稳重的。从远古时期人们经历的自然灾害、房屋倒塌，到现在团团面临的考试失败、朋友分别……我都冲在前线，积极调控。

通过这些不好的事件来增长经验，还是不要了吧……

虽然悲伤情绪的产生往往是因为发生了不好的事情，但是千万不要把悲伤看得太坏。科学研究证明，轻微的坏情绪也有很多好处。比如，悲伤能让人们在困境中变得更专心、更谨慎。另外，处于悲伤中的人们还具有更好的记忆力，能够更准确地评估当下的处境，更有效地与人沟通。

如果没有悲伤，团团就不会知道什么是快乐，什么是幸福了。

所以说，我们也不能随便否定坏情绪。不过，大家还是很想知道，如果真的抑郁了要怎么办呢？

首先，要正确看待。抑郁症是种疾病，需要医生的帮助和药物治疗。
其次，要调整自己的生活状态。比如进行户外运动，多吃蔬菜水果，保证良好的作息等。积极规律的生活可以让我们的心情保持平静。
最后，可以多和自己信赖的、生活态度积极向上的朋友聊天。沟通交流的过程也是在帮我们释放压力、排解抑郁情绪。

EXERCISE
章节小练

从团团的心理世界走出来，我们来关注一下自己的情绪吧！

想一想，最近一段时间，有没有让你感到快乐、生气、悲伤或恐惧的事情？当时你的具体感受是怎样的？那件事情为什么会让你产生这样的情绪呢？

当你感到快乐、生气、悲伤或恐惧时，你做了什么？你的做法让你的情绪变好了还是变差了？

现在，如果那件事情重新发生，你会如何处理自己的情绪，你的做法会有什么变化吗？

如果让你分别对自己心中的快乐、生气、悲伤和恐惧的情绪说句话，你会对它们说什么？

除了这几种情绪，你还感受到过哪些不同的情绪？有没有哪种情绪在你的生活中占据了主导？

如果你的好朋友最近的情绪状态很糟糕，你会怎么做？你打算跟他/她说些什么？

第二章 社会交往
——培养高情商

我们生活在这个世界上，总免不了与人打交道，有的人和我们趣味相投，成了我们的朋友；有的人则是萍水相逢，仅有一面之缘；还有的人从我们出生起，就是我们报以足够信任的人，比如我们的爸爸妈妈、兄弟姐妹……但不论是谁，我们在与他或她相处时，其实都是需要智慧和方法的。

想一想，当你进入一个新的班级，面对着陌生的新同学，你会怎么做呢？当你和你的好朋友发生冲突时，你又会怎么解决呢？当爸爸妈妈吵架时，你知道该做些什么吗？当爸爸妈妈误解了你，你是会独自伤心还是主动化解呢？当你觉得爸爸妈妈更偏爱你的兄弟姐妹时，你会不会向爸爸妈妈直接说明呢？当别人和你持有不同的想法时，你会不会试图改变他呢？

如果这些问题，你还不知道答案，那就继续看下去吧，在你完成这一章的阅读之后，我有信心你将能更得心应手地处理你的人际关系，能交到要好的朋友，能有融洽的家庭关系，也能从容地进入社会，和不同立场、不同想法的人和谐相处。

孔子说："君子和而不同，小人同而不和。"希望这些知识可以在你做一个"君子"的路上起到一点作用，可以给你带去一些与人相处的方法和智慧。

Day1 学会做自我介绍

在生活中，我们总是需要与他人相处，
比如朋友、家人等，这些都属于社会交往。
社会交往中心有三个处理区，就像是三座岛：
伙伴岛负责处理与朋友、同学交往的各种事情，
家庭岛在我们和家人相处时启用，
社会岛是帮助我们和世界打交道的地方。

不管是和谁交往、打交道，都离不开自我介绍。
你知道怎么做自我介绍吗？

欢迎大家来到新班级！下面请同学们依次到讲台上来做一下自我介绍……

很高兴认识大家，我叫团团，所以我很喜欢圆圆的东西，比如足球，我会踢足球……

新的学期开始了，团团进入了新的班级，也将面临更多的挑战。这不，刚到新班级的第一天，他就迎来了第一个挑战——自我介绍。对性格偏内向的团团来说，上台在大家的注视下做自我介绍，可不是一件简单的事。虽然团团很高兴认识大家，也很想和大家做朋友，但是他一上台就会很害羞，很紧张，也不知道该说些什么才好。你做自我介绍时，会不会像团团一样紧张得不知所措呢？

▶延伸知识

自我介绍说些什么？

我们在做自我介绍时，首先，可以用比较有趣的方式说出自己的名字；其次，可以说一下自己的兴趣爱好，吸引聊得来的朋友；最后，还可以说一下自己的特长，让老师和同学们能更快地记住自己。

主编有话说

你想过吗，大家相处久了自然会认识，为什么非得做自我介绍呢？其实，自我介绍是帮助老师、同学迅速认识和了解我们的一种方式，也能让我们更快地融入新的班集体。

Day2 学会接受每个人的不同

我们在生活中，会遇到各种各样的人。有的人喜欢小猫，有的人喜欢小狗；有的人很外向，每天热情似火，有的人很内向，每天沉稳安静；有的人长大之后想要做一名教师，有的人长大之后却想要环游地球……包括你自己。想想看，你是不是经常会发现别人和自己不一样？是不是经常会发现，面对同样的一件事，你和朋友们做了不同的选择？这个时候，你会怎么想呢？和自己不同的人都是错的吗？自己和其他人不一样，就真的不能玩在一起了吗？

其实，没有一模一样的两片树叶，也没有完全相同的两朵花，这个世界上有很多很多人，每个人都是不同的，正是因为这样的不同，才让这个世界变得多姿多彩。我们应该学会接受每个人的不同，学会接受自己与他人的不同，这样才能更加健康、快乐地生活。

你看，团团也面对着这样的事情，他会怎样处理呢？我们一起看看吧！

你好啊，团团！你说得真有意思，我一下子就记住你了！

耶！自我介绍太成功了，同桌主动和团团打招呼了！

团团鼓起勇气，上台做完了自我介绍，那他能不能在新班级交到朋友呢？我们一起来看看吧。

伙伴外交官，那团团该怎么回应同桌小北呢？

可以遵循两个原则——自然、适度。"自然原则"就是要反应自然，不要畏畏缩缩不敢说话，也不要过分激动、冲动。
"适度原则"就是指回答要恰到好处，让对方和自己都开心。

我也记得你，你叫小北！很高兴和你成为同桌！

欧耶！团团有第一个朋友啦！
一个怎么够呢？团团还需要更多的朋友……
就从身边开始吧，可以跟前桌打个招呼！
团团知道怎么主动打招呼吗？
这个我会！可以用“55387”！

55——代表人们打招呼时的神态和面部表情起着至关重要的作用，超过了交流总效果的一半，占到55%；

38——代表着人们说话时的语调因素占交流总效果的38%；

而说话的具体语言内容，其实只占其交流总效果的7%。

这是大名鼎鼎的"打招呼"公式！是一位叫艾伯特·梅瑞宾的心理学家提出来的。

你A B 我 C

所以只需要保持友好的神情，配上温和的语调，再把话语表达出来就可以啦！

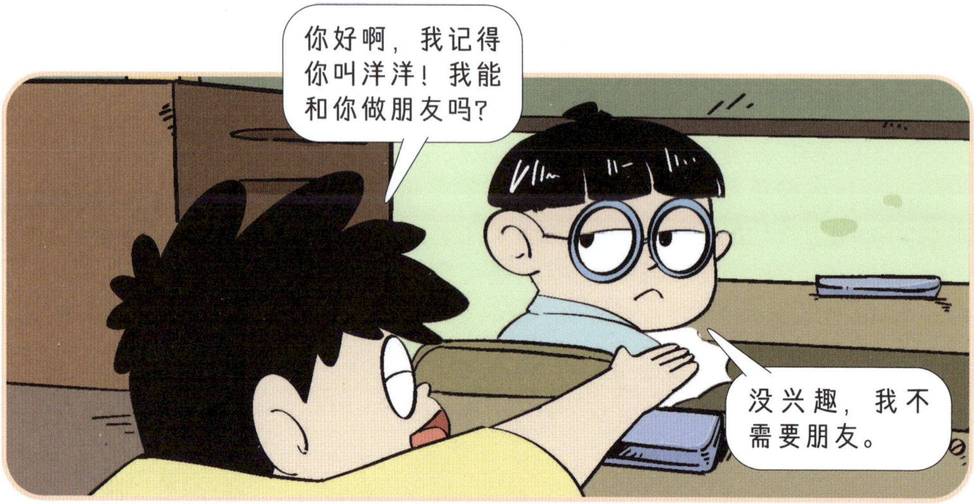
你好啊，我记得你叫洋洋！我能和你做朋友吗？
没兴趣，我不需要朋友。

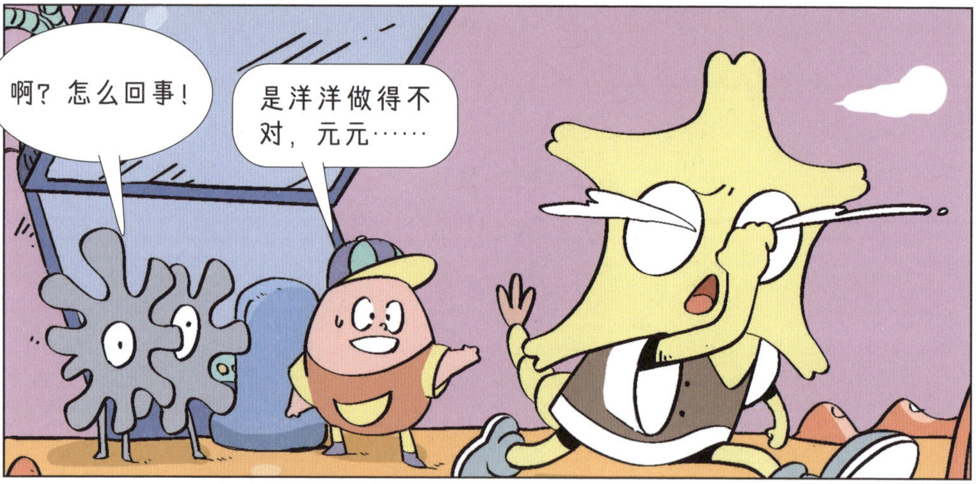
啊？怎么回事！
是洋洋做得不对，元元……

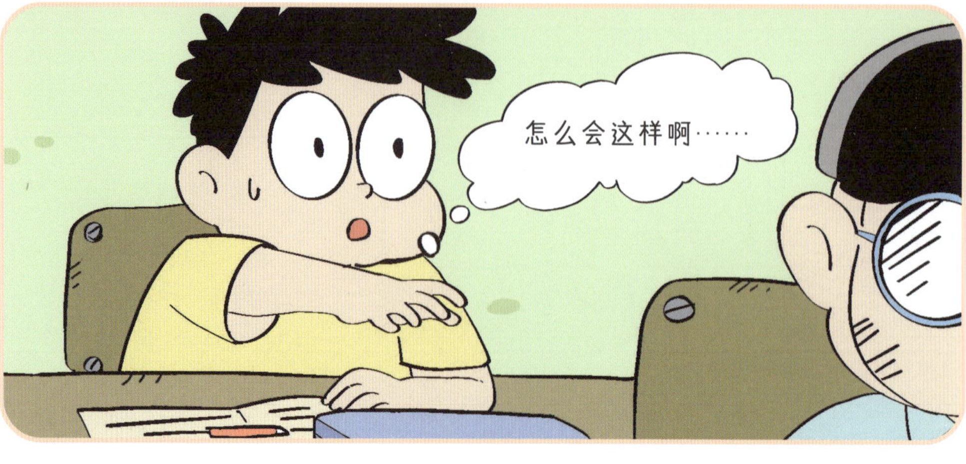
怎么会这样啊……

呜呜呜，前桌太过分了！明明小组讨论时氛围很好，他一加入就这也不对，那也不对，搞得大家都很尴尬。
哼！从来没见过这么冷冰冰的人！真不懂礼貌！
气死我了！洋洋怎么这样！吃饭时团团坐到他旁边，他竟然一言不发直接走掉了！
团团得多尴尬啊！
我再也不和他说话了！

洋洋可真讨厌!
不如……教训
教训他?
可是……
团团说这些话一定
会让他也难受!
不是你不想交朋友,
是没人想和你做朋友!
你真讨厌!
没朋友
这个方法好!老师说
不能动手打人。团团没
有动手,不算伤害他!
住手!

虽然洋洋的回应跟团团期待的不同，但他只是表达了自己的想法，并没有做错什么啊！
而且你们知道语言攻击对人的伤害有多大吗？
语言的攻击就像拳头打在身上一样让人们感到疼痛，而且还可能让洋洋变得自卑，甚至抑郁。
或者让洋洋变得更加暴躁、易怒，甚至攻击别人！
可是洋洋就是很讨厌啊！他说话难听、独来独往，还拒绝团团，不想和他做朋友……
有的人习惯独来独往，有的人喜欢热热闹闹。因为性格、环境等原因，每个人都是不同的，团团应该试着接受洋洋的不同。
不逼迫别人做他不想做的事，这是同学交往的一条重要原则——尊重！

Day3 学会正确处理矛盾，向"欺负"说不

朋友之间也会有矛盾

这天早上，团团想上厕所，便让好朋友小北让一下，可小北眉头紧皱，一动也没动。团团觉得小北是故意不想让的，气急之下就伸手推了小北。这下小北也不高兴了，站起来质问道："你干吗？"

就这样，团团和小北闹矛盾了，谁也不理谁。

等到团团冷静下来，回想起和小北以前相处的点点滴滴，就主动找小北询问原因。通过询问他才了解到，小北原来是因为考试没考好，一直在想怎么跟妈妈交代，所以才没听见自己说话的，不是故意不让团团过的。就这样，团团和小北互相理解了对方的想法，矛盾迎刃而解了，他们也还是好朋友。

主编有话说

团团和小北产生矛盾，是因为他们没有换位思考，如果能够站在对方的角度看问题，误解就会变成理解。团团理解了小北的苦闷就不会推他；小北理解了团团的急切就不会不让开位置了。所以我们与人相处，要学会换位思考。

敲黑板 和朋友闹矛盾了，该怎么办？

- 首先在事情发生时要保持冷静。
- 不要像团团那样动手推人！
- 然后要进行沟通，说明彼此的想法和情况，消除误会。
- 团团主动询问就做得很对！
- 最后真诚坦率地承认错误或者接受对方的道歉！
- 这样大家就还是好朋友！

随手小记

己所不欲，勿施于人。以责人之心责己，恕己之心恕人。当我们爱别人的时候，我们也希望别人爱我们。

向欺负说"不"

哟!这不是小四眼嘛!

什么小四眼?他是闷葫芦!

该叫洋洋受气包才对!

小北!那个是不是咱们的前桌洋洋啊?

是他!他怎么招惹了高年级的学生?看他们个个人高马大的……

不过,洋洋确实让人喜欢不起来,咱们还是别管了!

可是……大家都是同学,不管不太好吧!

就是!别管了!

你们在讨论什么?

外交官，你快看！这不就是你说过的语言暴力嘛！
是！正好考考你们！团团应该怎样避免被人欺负？万一他被人欺负了，该怎么办呢？
现在不是考核的时候吧？
不去坏同学喜欢去的地方！
和伙伴或者同学一起结伴上下学！
被欺负了一定要告诉老师或者爸爸妈妈！

洋洋现在心里会怎么想？

哎呀！我是说，洋洋现在……

他可能会……

觉得自己很弱小，因为自己无法阻止事情的发生。
可能会感到困惑，不明白为什么会有人喜欢欺负别人，也不明白为什么偏偏是自己被欺负。可能还会觉得难过又孤独，觉得没人支持自己，没人帮助自己……

现在他们还只是用语言威胁和戏弄洋洋，但如果再发展下去，可能就是用暴力的方式打他了！

哎呀！洋洋对团团冷淡，说不定也是因为之前被坏孩子孤立过，导致他不相信别人了呢！

你们怎么都沉默了？
朋友们，我觉得团团应该去帮助洋洋！同学之间应该友爱互助！校园欺凌实在太可恶了，我们不能让这种事情发生！
不管怎么说，洋洋都是团团的同学！
我们支持你！
说得好！
那你们知道该怎么做才能帮到洋洋吗？
不在一旁围观，不替恶霸打气，团团就做对了第一步！

去叫老师过来，阻止欺凌行为！
友好地对待被欺负的人，用友情温暖洋洋被伤害的心！
还要让“恶霸”知道，欺负人的行为并不酷，也不会被别人接纳！
恭喜大家通过了这次特殊的考核！你们已经成长为勇敢又富有同情心、同理心的优秀社交神经元了！
太棒了！
和我们一起去踢球吧！
你会打羽毛球吗？

Day4 学会处理好和父母的关系

家是我们温暖的港湾，爸爸妈妈就像是我们的避风港，不管发生什么事，我们都能在爸爸妈妈的怀里感到安心和温暖。那你想过吗？爸爸妈妈也是普通人，会有自己的苦恼和情绪，也会有很不冷静甚至吵架的时候。这个时候，或许我们会有这样的担心：

爸爸妈妈在吵架，他们就要离婚了！
我就要没有家、没有爱、没有亲情了……
都是因为我，他们才会吵架的……
我就要变成"灰姑娘"，没人要了。
爸爸妈妈，我好害怕呀！

主编有话说

在爸爸妈妈吵架时，我们可以适时地充当一下"灭火器"的角色，想办法让他们停止争吵，平静下来，这样才能找到解决问题的办法哦！

如果我们真这么想的话，就大错特错了。因为就算爸爸妈妈真的离婚了，他们还是会像之前那样爱我们的，会给我们做好吃的，会陪我们玩游戏，会给我们买新衣服和新玩具……要知道无论发生了什么，爸爸妈妈永远都是我们的爸爸妈妈，永远爱我们！况且，几乎每个人的爸爸妈妈都会吵架的，他们在气头上说的话可不能当真。

团团放假了，伙伴岛上没什么事，我来这儿转转……
站住！你是谁啊？
我是元元，我想来家庭岛做些事。你看，这是我的证书……
你好，元元，我是家庭外交官！跟我来，我们走这边。
我之前没走过这种路……

这可是我们家庭岛的著名景点——连接桥！岛上一共有三座桥，都可谓历史悠久、坚固无比……

说重点！

咳咳，这三座桥其实就是团团和家人的感情联系。桥梁支撑和维护着这座岛屿，形成了团团的家庭内部支持系统。

那这条一定是连接团团和妹妹的！

咦？

怎……怎么了？

咔嚓。
对……对不起……
呜呜呜呜！
你不会看着
点儿啊！
兄妹间有些小冲突是正
常现象，看我马上搞定！
你拿的是什么啊？
这个修补剂是专门用来
修补这座桥的，里面混
合了团团在迎接妹妹到
来时的期待、身为哥哥
的责任感以及和妹妹相
处时的开心……
我懂了！就像和朋友相处时一样，发生矛盾时
总要有人先做出让步，主动提出“重修旧好”。

好了，别哭了。我也不是想凶你……
怎么回事？团团，你怎么又把妹妹惹哭了！
不是我惹妹妹！是妹妹踩碎了我的玩具，我还没说她，她自己就哭了！
那也是你不对！玩具扔在地上干什么？不好好收拾房间……
啊——哦——
轰

出去！出去！
都出去！
快用你的那……那什么胶水把桥拼起来呀！
那应该是团团和妈妈的连接桥！
碎成这个样子，不太好办啊！
胶水怎么不黏了？

妹妹破坏了团团和妈妈的情感连接桥，那不如想个让妹妹也“难受”的办法……
可以把妹妹作业本上的字全擦掉！让她明天在全班同学面前出丑！
要不然就踩碎她的芭比娃娃，咱们“以牙还牙”！
需要更多的关注！
还是想想团团到底需要什么吧。
拒绝偏袒，要实事求是！
需要拥有更多和爸爸妈妈相处的时间！

团团，告诉爸爸，你最近怎么了？

爸爸！我跟你说……

我代表妈妈跟你道歉。爸爸妈妈也不是完美的，也有犯错的时候。你要相信，妈妈不是故意偏心的。

像你这样把事情闷在心里可不是办法，说出来才能解决呀！

看来敞开心扉和爸爸妈妈聊一聊，才是最正确的选择啊！

出现问题就要多沟通嘛！

团团和我说了，他就是因为你，最近才闷闷不乐的。你不能太偏心！
都是我的孩子，你以为我愿意看到团团难过吗？妹妹还小，她需要更多的照顾和包容，所以我有时就会不自觉地站在了她那边……我也很后悔啊！
团团不生妈妈的气了，好不好？妈妈以后一定更加公平！
我会监督的！
嗯！
原来修补剂只有在内心有爱的时候才有效！
大家快来看！连接桥完好如初了！
哇！这次冲突还让桥更加坚固了呢！

➡️ **与爸爸妈妈发生矛盾冲突时该怎么办？**
可以分步骤来思考和解决：

首先，我们要理解，爸爸妈妈都是普通人，也有自己的苦恼和情绪，也会有不理智的时候。我们不能事事都要爸爸妈妈理解和包容自己，有时，我们也可以试着去理解和包容爸爸妈妈。

其次，在与爸爸妈妈发生冲突的时候，尽量不要极力争辩。这个时候，自己和爸爸妈妈可能都会比较冲动，说出的话很可能也是不合适的。想办法停止争吵，让彼此回归平静，才是应该做的事情。

最后，在自己和爸爸妈妈都平静下来后好好沟通，尽量清楚地表达出自己的想法，同时也要多从爸爸妈妈的角度想一想，记得要握手言和或者拥抱一下。

➡️ **被爸爸妈妈误解了怎么办？**
当然要想办法解开误会！

自己悄悄生闷气、搞恶作剧或者故意闹脾气，都是不明智的做法，这些做法不但会让爸爸妈妈更加误解你，也会让自己的情绪变得越来越糟糕。

出现误解的时候正是锻炼自己沟通能力的绝佳机会，对方是自己的爸爸妈妈，是自己最亲近的人，有什么事情不能跟他们好好说呢？

Day5 学会适应这个社会

每个人都生活在这个社会中,大家都是社会的一员,只有适应了这个社会,我们才能更好地生活。要适应这个社会,就要学会处理好各种"事件"。我们一起看看,团团是怎么适应这个社会的吧!

周末,团团和小北约好去看足球赛。但是眼看比赛纪要开始了,小北还没出现。

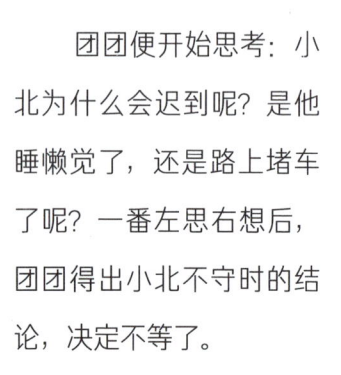

团团便开始思考:小北为什么会迟到呢?是他睡懒觉了,还是路上堵车了呢?一番左思右想后,团团得出小北不守时的结论,决定不等了。

主编有话说

内因和外因

我们在解释一件事情时,总是喜欢找原因:做错题是因为马虎,感冒是因为降温……其中,有些原因是跟自身有关的,比如睡懒觉、马虎,这叫内因;有些是跟外界环境有关的,比如堵车、降温,这叫外因。

这时,小北拿着两瓶饮料跑了过来,说是自己为了买饮料才迟到的。团团一听,原来是这个原因,选择了原谅小北。于是,两个人一起看球赛去了。

团团在判断小北为何迟到这件事时，进行的是这样的思考……
内因
我们会打开“内因仓库”，从小北自身找出犯错的可能原因。
“小北没有时间观念。”
“小北爱睡懒觉。”
“小北不讲信用。”
……
同时，还有“外因仓库”，寻找外界因素也十分重要……
外因
“小北遇上了堵车。”
“小北去买饮料了。”
说了多少遍，工作要认真仔细，不要盲目判断！
在形成观点前一定要了解清楚事情背后的现实情况，不但要考虑内因，也要考虑外因。今后的工作可不能这么松懈了！
入口
原来是这样，我们快进去吧！

支持哪一方？

团团看球赛时，发现自己支持的球队进球失败，正觉得十分可惜，旁边却传来了一声喝彩。原来坐在旁边的观众支持的是对方球队，团团顿时感觉很不可思议，站起来与他理论。可那人也不甘示弱，觉得团团才是眼光不行……在这件事上，你觉得团团和那位观众谁对谁错呢？

没错！支持谁是团团的自由，但在做出自己选择的时候，团团也应该尊重和理解和自己立场不同的观众。所谓"萝卜青菜，各有所爱"，由于受到喜好、立场、思维方式和知识等多方面的影响，人们对同一件事情、同一个物品或者同一个人会形成完全不同的认识，这是一件很正常的事情。

▶随手小记

生活中类似这样的情形有很多，就像有的人喜欢吃臭豆腐，觉得它虽然闻着臭但吃着香，有的人却对臭豆腐敬而远之；爷爷奶奶喜欢听京剧，而小孩子却怎么也听不下去，更喜欢看动画片……

▶随手小记

我们要做的，就是尊重每个人的不同选择，而不应该强求别人和自己一样哦！

现实社会非常复杂，充斥着形形色色的人、五花八门的信息和各种各样的变化，对此，我们应该如何应对呢？

最重要的当然是要有独立思考的能力！

培养独立思考的能力

要多注意自己在做判断时是不是受了别人的影响，要避免先入为主的印象和盲目从众的行为。

在人群中，相互影响是正常的，好的影响还会起到正向的作用，但在这个过程中不要丢掉自己的思考和判断，不需要或者不应该跟随他人的时候要学会保持独立。

在发表意见前，一定要了解清楚事情背后的实际情况，不要轻易下结论。

事情背后往往有着错综复杂的原因，只看到表面或只看到部分情况就做出的判断，往往是片面的。

还要多看书，丰富自己的学识，学会从不同方面去看待一件事情。

看书不仅能增长知识，还能带我们了解世界的广阔和多样，培养深入思考的能力，让我们学会从不同的角度去看待问题。

EXERCISE
章节小练

从团团的心理世界走出来，
我们来关注一下身边的世界吧！

你身边的人，谁是你的好朋友？你能跟他们成为好朋友的原因是什么？

在跟朋友的相处中，你们有吵架的时候吗？吵架之后，你会怎么处理？

你们家有几口人？如果用一句话分别描述一下你的家人，你会怎么形容他们？

碰到开心或者不开心的事情时，你喜欢跟爸爸妈妈或者其他家人交流吗？当你遇到事情不知道该怎么办时，你会主动寻求他们的帮助吗？

你眼中的社会是什么样子的？

你想长大成为大人吗？在成为大人之前，你觉得自己还需要具备哪些能力？还要做哪些准备？

第三章 高效学习
——提高学习力

如果说有什么事物是人永恒的追求，那么毫无疑问，"效率"一定是其中之一。回顾历史，远古时期的人类将一部分野生植物培育成农作物，这是为了提高获取食物的效率；步入青铜时代，人们把宝贵的金属做成武器，这是为了提高作战的效率；工业革命后，蒸汽机驱动的工厂取代了手工作坊，这是为了提高生产产品的效率；今天，互联网延伸到社会的每个角落，正是为了提高获取和传递信息的效率。甚至可以说，我们对于"效率"的追求，伴随着人类发展的历史。

人类对于效率的追求不仅仅体现在物质上。随着文明的发展，人类积累了天文数字般的知识，这些知识当然是宝贵的财富，但是获取财富的道路走起来并不轻松。在求知之路上不停求索的学习者往往有一个共同的愿景：提高学习效率。于是历史上流传下来许多勤奋苦学的经典故事，比如囊萤映雪、凿壁借光、悬梁刺股，而这些孜孜不倦的求学者往往是用加大强度的方式，试图把学习的效率提高一些。不可否认他们的刻苦精神值得后世学习，但有没有一种更科学、更系统的"巧劲"，能达

到同样的，甚至更出色的效果呢？今天，心理学、教育学、脑科学等专业的学者，正致力于运用现代科研方法发掘这一"巧劲"。

我们将"高效能学习"这一宏大的目标，拆分成若干个更具体、更有针对性的品质、策略：设定恰到好处的学习目标激发的最大限度的驱动力、设定目标后全力以赴的行动力、在学习过程中心无旁骛的专注力、将知识深深"烙"进脑海的牢固的记忆力、在漫长的求学生涯中始终不懈的毅力，以及遇到挫折或瓶颈时依然自信的稳健心态。无论我们是在课堂上学习科学文化课程，还是在生活中学习更广博的知识与技能，这些品质、策略都足以让我们受益终身。

现在，让我们一起从心理学的角度出发，逐一探索怎样培养这些卓越的品质，揭开高效能学习的奥秘。

Day1 高效学习的关键
——注意力

▶ 延伸知识

这个小故事是战国时期的著名思想家孟子说的，出自《孟子·告子上》。孟子非常擅长用打比方、讲故事的方式来说理，这个故事就是劝谏人们学习时要专心致志的。瞧，两千多年前的古人就意识到了高效学习的关键。

想要提高学习效率，就要知道影响我们学习效率的因素。

古时候，有一位举国闻名的围棋大师，亲自传授两个徒弟棋艺。其中一个徒弟聚精会神，耳听着老师的教导，眼看着老师的演示；另一个徒弟虽然也坐在棋盘旁，但眼角偷偷瞄着远处的飞鸟，心里盘算着拿起弓箭将它射下。虽然两人一起跟大师学习，后者却远不如前者。这是因为他的智力不如人吗？当然不是，而是因为他的注意力不够集中。

为什么注意力这么重要呢？大脑进入学习状态时，负责处理眼前各种信息的工作记忆就开始启动了。而眼前的各种信息都是新的，工作记忆的容量又十分有限，所以工作记忆的压力很大，时常忙得团团转，因此注意力集中很重要。

主编有话说

这就是我们平常说的"烧脑"的感觉。正因为如此，我们做重要的事情时一定得集中注意力，不能一心多用，不然工作记忆会忙不过来。

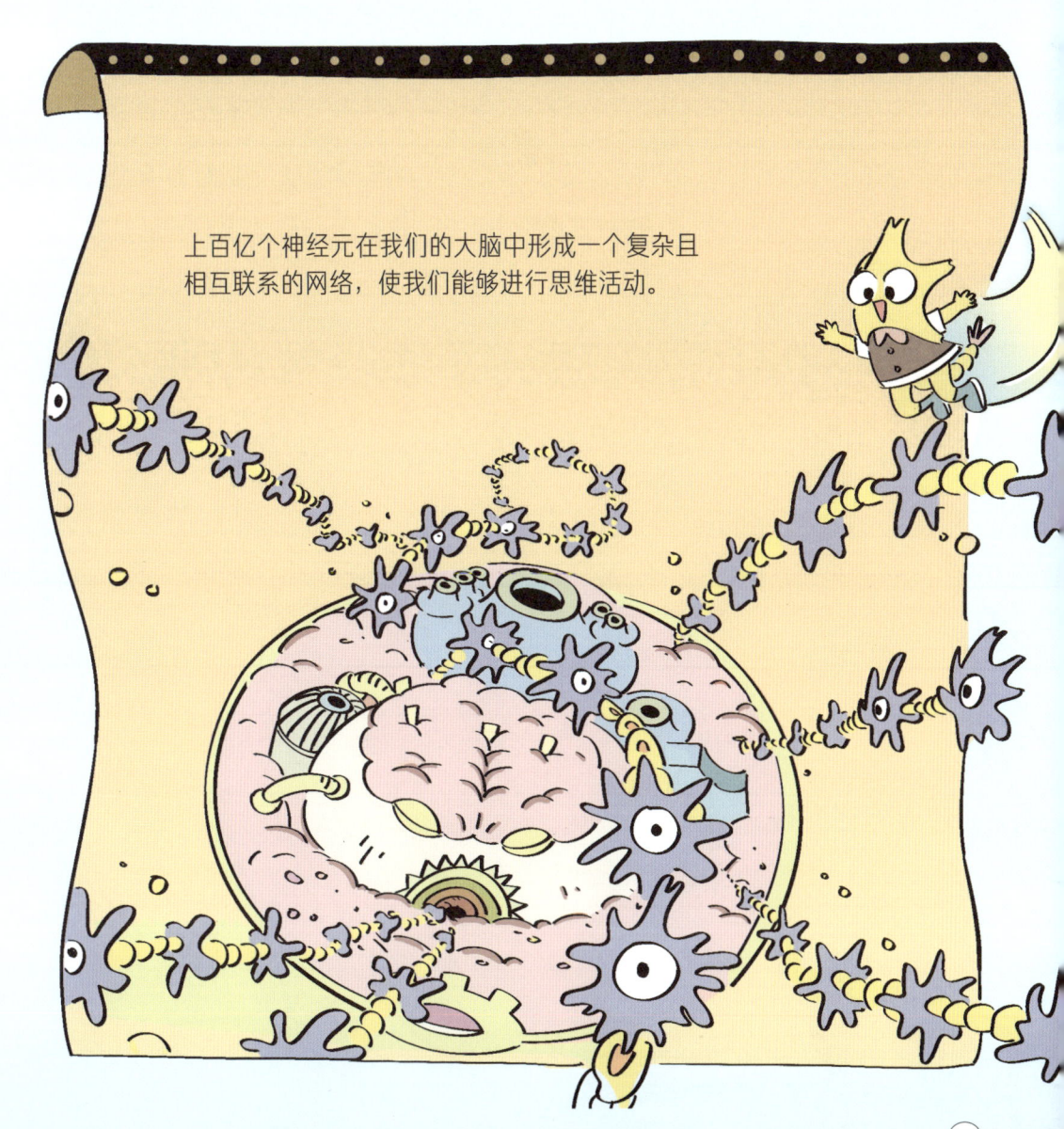

上百亿个神经元在我们的大脑中形成一个复杂且相互联系的网络，使我们能够进行思维活动。

大脑进入思考状态时，神经元之间就会进行信号传递。神经元有各种大小和形状，但它们大多具有长突起，它专门负责把信息传递到相邻的神经元，这个过程有点类似于搭积木。随着积木高度的增加，我们也越来越有灵感，距离取得成果越来越近。要是搭起来的积木突然崩塌了，那就不得不一块一块从头再搭起来。所以学习过程中一旦走神，信息传递就会中断，再要重新集中注意力那可就太费劲啦。

思考问题的过程就像搭积木。

随着积木高度的逐渐增加，我们也越来越有灵感，越来越接近问题的答案。

要像保护好不容易垒高的积木一样，保护注意力不被扰乱。

一切都要重新开始了！

这就是刚刚发生的事情。

很多时候，注意力是很"脆弱"的，需要我们格外用心来保护它。为此，我们可以在做一项任务之前先把它拆解成若干个具体的小目标，把它们以及需要专注的时间列出来，因为明确的目标能够给注意力很好的指向性。我们还可以减少干扰对象，学习时把手机、游戏机等能够吸引自身注意的物品收起来，因为当环境中有我们更感兴趣的其他事物时，很容易发生注意力的转移。

主编有话说

注意力的保护并不是"临阵磨枪"，我们平常就要做到作息规律、适当运动，保持身体和精神状态良好。稳健的身心状态有助于保持注意力的稳定性。

当外界有事情吸引了团团的注意力时，我们的工作就会中断。

因此在学习时，要尽量保持环境的安静。

桌子上尽量不要放手机、玩具等可能会让人走神的东西。

Day2
学会劳逸结合

这还差不多。

当然啦,高效学习并不是说把休闲娱乐的时间全部占满,而是提高学习时间的专注力。我们也提倡劳逸结合,学就学个踏实,玩就玩个痛快。一方面,我们可以有意识地锻炼自己的注意力,这样就能进一步延长自己的注意力持续时间;另一方面,我们可以根据自己的注意力周期,把一个并不轻松的任务拆解成多个小目标,逐个完成。

不是不能玩耍,而是要设定好时间,学习的时候就专注地学习,玩的时候当然也可以痛快地玩!

▶ **延伸知识**

既然注意力这么"脆弱",那么它的限度是多久呢?据调查显示:儿童的注意力通常保持20~35分钟,成年人更长一些,但是超过1小时,大多数人就会感到疲劳了。注意力的有效时间是有限的。可以说,注意力也是一项宝贵的、需要精心分配的资源。

① "苦干"还是"巧干"？

难道应该一直埋头苦干吗？你可能听说过囊萤映雪、悬梁刺股的故事，这些勤奋苦读的古人映着微弱的萤火读书、借助积雪的反光读书，甚至担心深夜打瞌睡，而用绳子吊着脑袋、用锥子扎大腿，这样的执着精神当然可敬，但这样苦干的行为真的好吗？

正如我们前面所提到的，大脑的思考工作要通过神经元来完成。当神经元越来越活跃、结合得越来越紧密时，我们的学习效率就越高；而当我们感到学习很不在状态时，神经元往往已经很"疲惫"了。

> 走开走开，别打扰我！
>
> 哟，课上没回答出来问题，课下开始用功了呀！
>
> 团团还在学习呢，你们都打起精神来！
>
> 就是，都别偷懒。
>
> 说你呢，快醒醒！
>
> 我……我实在撑不住了！
>
> 我也是。

i 主编有话说

古人曾很崇尚苦干，今天我们应当继承这种刻苦的精神，但是在具体的方法上，要采用更科学、更高效的策略。

② 换个模式思考

古代的弓箭手，只有在作战时才给弓装上弦，平常会把弦拆下来，免得弓时刻紧绷而失去弹性。我们也不宜总让大脑"紧绷"着，学习的时候需要专注，但在感到疲劳或者陷入困境时，可以放松放松。比如，平躺下来休息一会儿就是个很好的放松方式，不用太担心，大脑并没有彻底"躺平"，这时候的大脑没有刻意去思考，它只不过进入了另一种思考模式。

主编有话说

长期进行过高强度的脑力活动，可能会引起神经衰弱、失眠等症状，也就是所说的"用脑过度"。许多废寝忘食投身事业的科学家、文学家、艺术家都曾受到"用脑过度"带来的困扰。大脑犹如一架精巧的机器，荒废闲置和超负荷运转都不是对待它的科学方式。

> 放松中的大脑在进行另一种思考。

在专注模式下，我们按照相对固定的模式来配合，就像排列整齐的队列。

当团团在朗读、听课、做题时，就处于专注模式。

在发散模式下，我们的组合是随意的。这时，各种想法之间在建立着充满想象力的联系，创意通常就是在这时冒出来的。

当团团在随意地写写画画、发呆、做白日梦时，就处于发散模式。

主编有话说

许多诺贝尔奖得主都有一项长期保持的业余爱好，包括音乐、诗歌、手工艺，等等。这说明善于思考的人往往有自己喜爱的放松方式，在放松状态下，大脑时常迸发出令人惊喜的灵感火花。

如果要问这两种模式哪个更好，答案便是它们各有所长。如果说专注模式是全神贯注的思考，那么发散模式就是天马行空的想象。比如哲学家康德喜欢散步，一边漫步一边让思绪在天地间随意畅游，他称之为"思想的冒险"；比如科学家居里夫人还是一位运动健将，常常在科研工作的间隙去户外长途骑行；比如爱因斯坦在物理学研究之余，喜欢拉小提琴来放松，这给他带来"无限的想象力"。

我们要充分利用大脑这两种思考模式各自的长处。比如，在课堂上要聚精会神，让大脑保持在专注模式，而上了40分钟课后的课间活动，要让大脑放松放松，从专注模式进入发散模式，所以课间时间可以适当活动活动。在平常学习时，一门科目学累了或者一本书看久了，可以换一下内容，也就是我们平常说的"换换脑子"。适当的调节和休息，对大脑和眼睛都有好处。

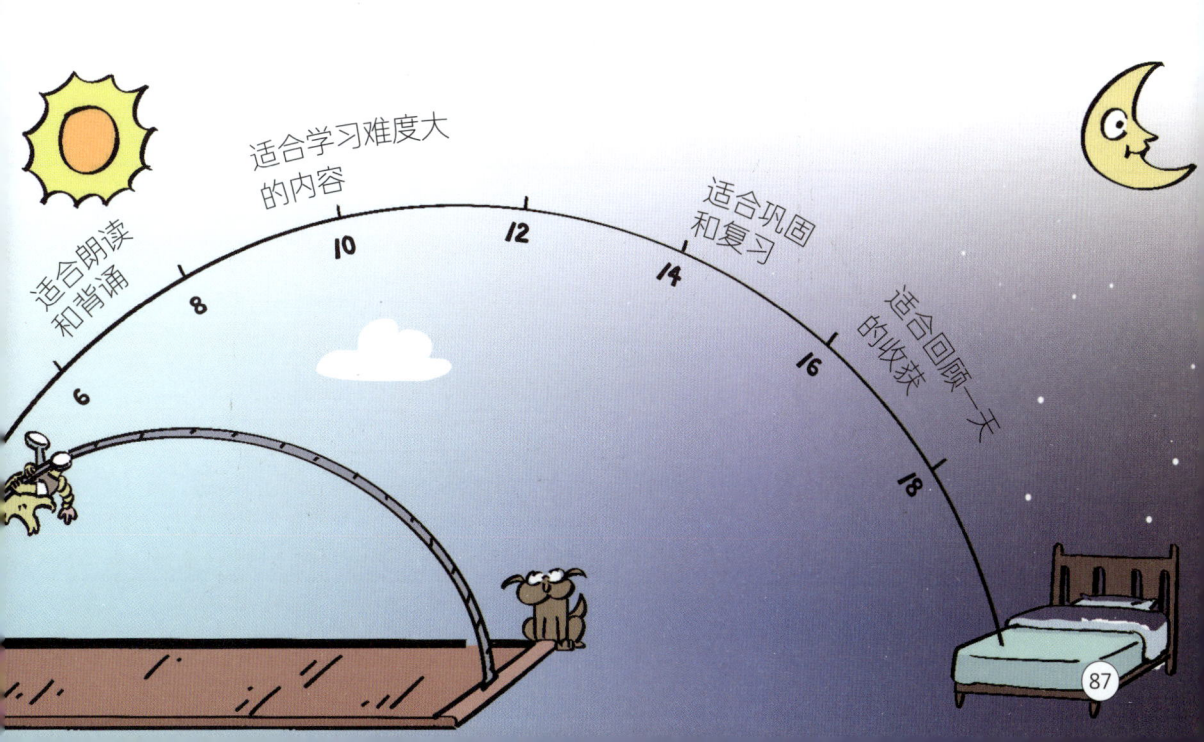

适合朗读和背诵

适合学习难度大的内容

适合巩固和复习

适合回顾一天的收获

Day3 学会利用遗忘曲线

▶ **延伸知识**

赫尔曼·艾宾浩斯是德国著名的心理学家，一生致力于有关记忆的实验心理学研究。他在1885年出版了《记忆》一书，提出了著名的"遗忘曲线"。艾宾浩斯的成果在心理学中有着持续的影响，为现代心理学有关记忆的研究奠定了基础。

上一节我们探讨了大脑专注模式和发散模式的合理使用，但是一天的时间毕竟有限，那么，怎样在更长的时间里安排好学习计划呢？

这里就不能不提影响学习效率的一个重要因素——记忆力。有些记忆一旦形成就非常稳定，各种关于动作的记忆都是这样的，比如人一旦学会了走路，就几乎不会忘记。但知识和语言类的记忆就不同了，很容易遗忘。出乎许多人的意料，遗忘也是有规律的。心理学家艾宾浩斯通过研究人的记忆，总结出一条"遗忘曲线"。"遗忘曲线"显示，遗忘在学习之后立即开始，而且遗忘的进程并不是均匀的，最初遗忘速度很快，往后逐渐变慢、稳定。

有位叫艾宾浩斯的心理学家曾经提出过一个非常有名的"遗忘曲线"，把遗忘的规律告诉了我们。

还没过多久呢，怎么都忘光了？

记忆留存的数量

遗忘曲线

时间

我们之所以会遗忘，是因为学习时进行连接的神经元，随着时间的推移变得松动，甚至断开。回忆复习就是要赶在连接断开之前加固它。得益于艾宾浩斯"遗忘曲线"的启发，我们可以设计若干个复习节点。

▶延伸知识

比如，我们可以将学习新知识的几分钟、当天、一周后、两到三周后各作为一个复习节点，尝试用复述等方式帮助自己回忆，这样有助于将知识转化为长久存在的长时记忆，牢固地保存在脑海里。

但如果团团能够及时复习，情况就大大不同了！

及时在复习节点回忆知识，记忆就能长久保存。

记忆留存的数量

时间

Day4 学会激发自我效能感

学习的过程自然不是一帆风顺的，我们难免会遇到各式各样的挑战。比如，开始接触一门新功课、学习一门新技术，由于这些知识是陌生的，我们很可能产生困惑、忧虑，甚至烦躁、沮丧等消极情绪，也就是所说的大脑"学不动、想罢工"的感觉。比如下面"团团学围棋"的例子，团团想要放弃，仅仅是因为围棋本身的难度吗？

团团这学期新选了一门围棋课，可是团团之前从未接触过围棋。

但课上的很多同学之前都了解过，有的人甚至可以下得很好。

团团没法加入其中，觉得很沮丧，于是就不想学围棋了。

通过上面这个例子，也许你已经发现了，与其说是围棋很难，倒不如说是团团觉得围棋很难。别的场景往往也是类似的道理，不一定是新知识很难，而是我们感到很难。我们之所以产生畏难情绪是因为此时缺乏"<u>自我效能感</u>"。

> **主编有话说**
>
> **自我效能感**
>
> 自我效能感是由心理学家班杜拉提出的，用来描述"人对能否利用自身技能去完成某项工作的自信程度"。自我效能感主要受自身的成败经验影响，也受到所处情境、他人的劝说和情绪激励等因素影响。

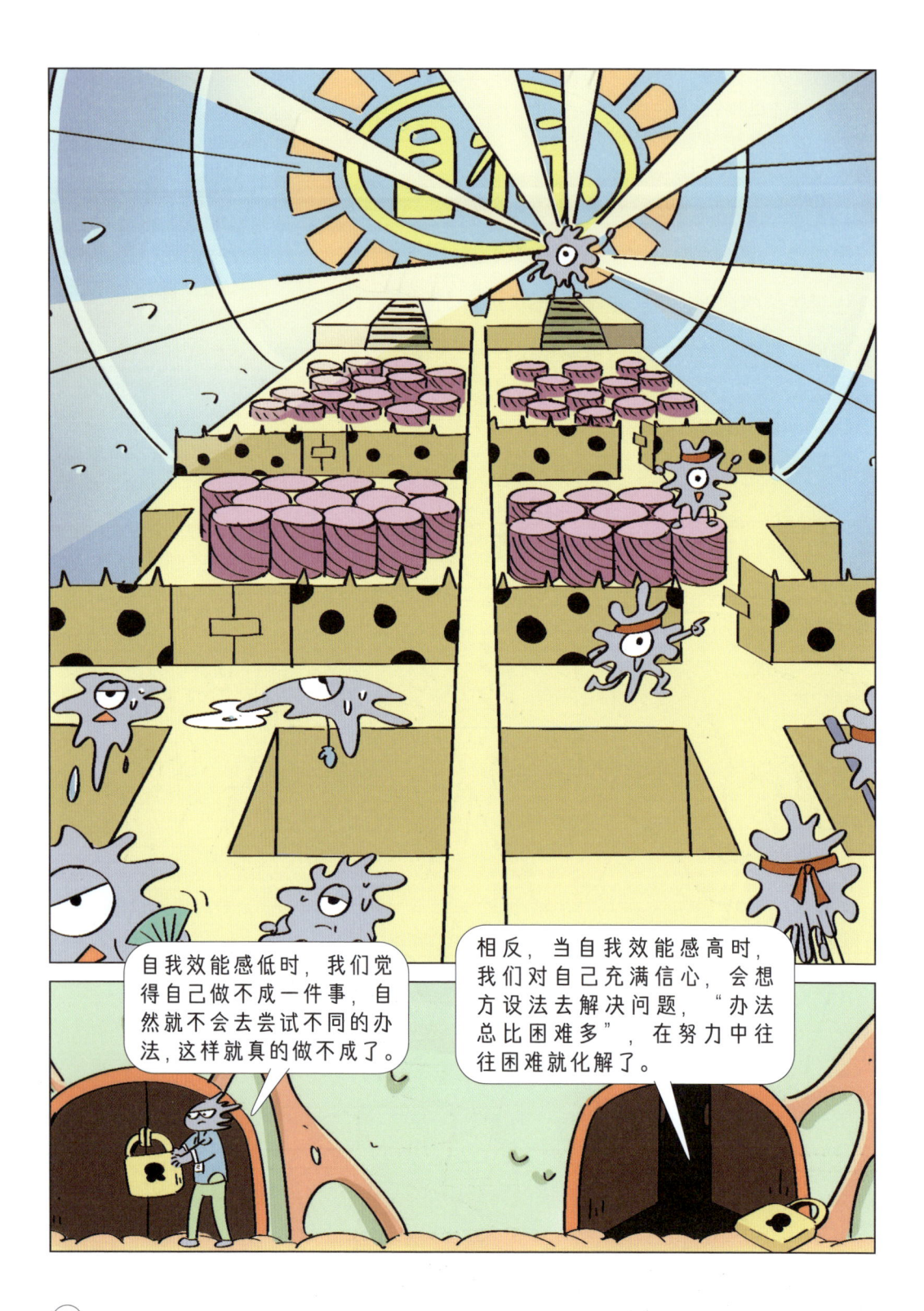

自我效能感低时，我们觉得自己做不成一件事，自然就不会去尝试不同的办法，这样就真的做不成了。

相反，当自我效能感高时，我们对自己充满信心，会想方设法去解决问题，"办法总比困难多"，在努力中往往困难就化解了。

在碰到感觉陌生且困难的事情时，可以把问题分解，一点一点地去接触和了解。比如学围棋时，可以先一点一点地去熟悉围棋的规则。

在取得每个小的进步后，都要及时给自己积极的暗示。不要小瞧一句"我可以的"，它真的可以给你力量！

除了语言上的暗示，在完成一个小目标后，还可以给自己一些小奖励，比如听听音乐、做做运动，或者吃点儿好吃的。

> **主编有话说**

其实，学得慢不一定是坏事。不同的人的大脑里，工作记忆往往有着不同的工作风格。有的人工作记忆速度很快，做事直接、行动敏捷，就像赛车型选手；也有的人工作记忆的速度没那么快，不过他们的每一步常常都很周密、仔细，就像漫游型选手。

学会了激发自己的"自我效能感"，我们就可以更有勇气地去面对一些艰难的挑战啦。但这一过程，进展可能会很慢，尤其是当别人快速步入后续阶段而我们还在反复尝试前面阶段的时候，好不容易激发的"自我效能感"会不会被泼冷水呢？

思维快慢没有好坏之分,而是各有优势,可以相互借鉴。重要的是我们要了解自己,找到适合自己的学习节奏,比如赛车型选手有时可以让自己慢下来深入思考,而漫游型选手也要注意速度,该果断时也要果断。

加油,你可以的!
先从第一步开始吧!
看看接下来能做些什么!
你已经很棒了,还可以更棒!

因此,不要因为学得慢就轻易否定自己,让来之不易的好的自我效能感流失掉。好的自我效能感能支持我们把事情做好,所以,多给自己一些鼓励吧。即使我们前进的步伐稍有些慢,但只要我们坚定前行,就一定能抵达成功的彼岸,就像蜗牛坚持不懈地缓缓前行,也能像雄鹰一样登上金字塔的塔尖。学得慢的人也能获得殊途同归的成功。

方法　心态

Day5
学会摆脱拖延症

既然"学得慢"也不是一件坏事，那我们是不是就可以高枕无忧了呢？比如说，先把要做的事情放一放，反正也不急于这一时。

可千万别有这样的心态！这会掉进拖延症的陷阱。说起拖延症，我们并不陌生，也就是明知会有不好的后果，但仍然不由自主地、把计划要做的事情往后推迟。拖延症发展到严重的程度，会对人的身心健康带来消极影响，出现自责、自我否定、焦虑等状态。那么，从科学上来说，拖延症是怎样产生的呢？

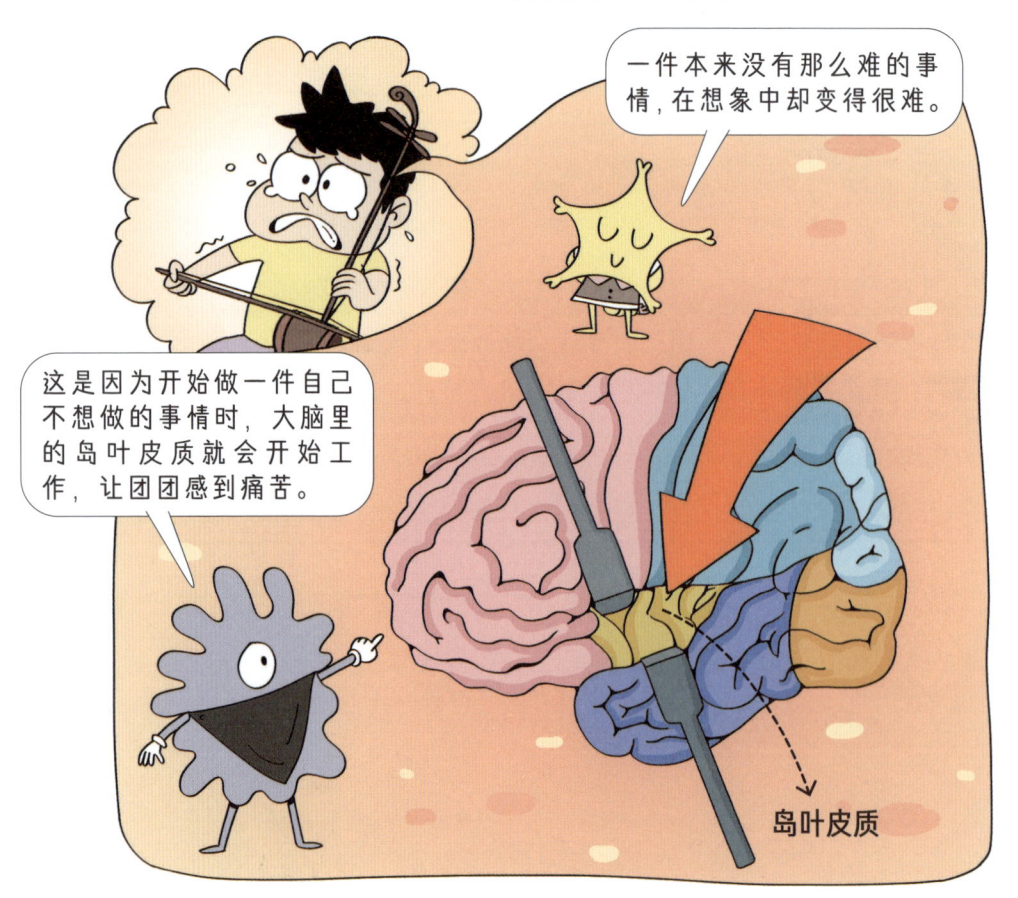

> 一件本来没有那么难的事情，在想象中却变得很难。

> 这是因为开始做一件自己不想做的事情时，大脑里的岛叶皮质就会开始工作，让团团感到痛苦。

岛叶皮质

要战胜拖延症也不难,诀窍很简单:立刻去做。一小会儿之后,也许你就会发生变化……

但有趣的是,只要真正做一会儿(10~20分钟),痛苦就会消失。

识破了拖延症的把戏,我们就不会再上当受骗了!

当遇到一件不想做但应该做的事情时,还是要努力开始做,哪怕先做10分钟也可以!

一直拖着还不如早点儿开始做,做起来其实感觉也不错!

坚持了10分钟后，相信你会发现，拖延症也没有那么可怕。同样地，我们如果坚持第二个、第三个……更多个10分钟，会不会创造更大的奇迹呢？

当然可以，人类科学史上诸多堪称奇迹的伟大成就，就是靠一点一滴的进步累积而成的。比如，极地探险充满艰难险阻，可正是因为探险家的不懈努力，才逐渐揭开了冰雪世界的神秘面纱；比如，探索太空充满艰难险阻，可如果没有科学家的执着探索，宇宙就一直是个遥远的谜。

前进的道路走起来并不轻松，那是什么力量激励着我们坚持前行呢？这就是"延迟满足"。

> ▶延伸知识
>
> **延迟满足**
>
> "延迟满足"的能力是指一种愿意为更有价值的长远结果而放弃即时满足的自我控制能力。马上开始玩耍娱乐是即时满足，而为了更有价值的长远目标而控制自己，先努力学习工作就是延迟满足。当我们在做这些难做的事情时，就是在培养自己延迟满足的能力。

延迟满足的能力能助力我们实现更大的成就！

EXERCISE 章节小练

有人在制订学习计划时，会雄心勃勃地设定一个非常高的目标，但往往在执行过程中不堪重负、半途而废；还有人生怕目标完不成，于是设定得非常简单，但执行一阵子后就觉得索然无味。那么，**怎样设置一个理想的学习目标呢？**

怎样设置学习目标呢？

答 心理学家洛克根据大量实验室研究和现场调查，提出了目标设置理论。在众多激励因素中，程度合适的目标是最有效的因素之一，因此，要有效地激励执行者去贯彻计划，必须设置合适的目标。

要判断目标设置的合理性，洛克认为可以从以下三个方面来评估：一是目标的具体性，也就是目标能够精确观察和衡量的程度；二是目标难度，也就是目标实现的难易程度；三是目标的可接受性，也就是执行者对目标的认可程度。

综合来看，我们应该给自己设置这样的目标：它很具体（比如"每周积累5个成语"就比"每周积累许多成语"要具体、可衡量），它难度适中（也就是位于我们的"学习区"，而不是"舒适区"或"恐慌区"），我们发自内心地认为它是有价值、有意义的。

除此之外，还可以试着做这些事情：

将你的目标和计划告诉爸爸妈妈或朋友等值得你信赖的人，让他们来督促和陪伴你。

记录日常生活，并分享自己的收获，跟身边的人一起进步。

定期总结和反思自己的行动和效果，分析自己做得好与不好的地方，好的地方继续保持并不断强化，不好的地方想办法改进。

不管坚持之后你得到了什么，坚持本身就在让你变得更加强大！

第四章 学会观察
——向生活学习

如果瓦特没有对顶开盖子的开水壶琢磨下去，也许人类步入蒸汽时代的时间会拖延；如果牛顿没有对偶然掉落的苹果执着思索，也许万有引力的奥秘会继续沉睡；如果列文虎克也像常人一样把玻璃片当作玩具，也许我们将久久不能涉足奇妙的微观世界……

这些科学史上具有里程碑意义的重大成就，最初的发端可能只是生活中再平凡不过的一个细节，这启示我们向生活学习，学习不仅仅局限于书本理论，生活中也蕴藏着可能引燃灵感的火花。

要怎样向生活学习呢？首先得长葆一颗好奇之心。居里夫人曾赞美好奇心是学习者的一大美德。正是在好奇心的驱动下，我们才想要了解更多、了解背后的原理。现代心理科学和管理科学的研究也证明了好奇心是人学习的内在动机之一，是人寻求知识的动力，是创造性人才的重要特征，并通过进一步研究总结提出了信息缺口理论。因为信息缺口的存在，对未知的觉醒和想要填补信息缺口的欲望让人产生了好奇心；同时根据信息缺口理论，好奇心反映了人知道的事情与不知道的事情之间的差距。这说明好奇心的产生、发展有两个要素：一是要有一定的知识储备，这样才能让自己的好奇心转化为有意义的探究，

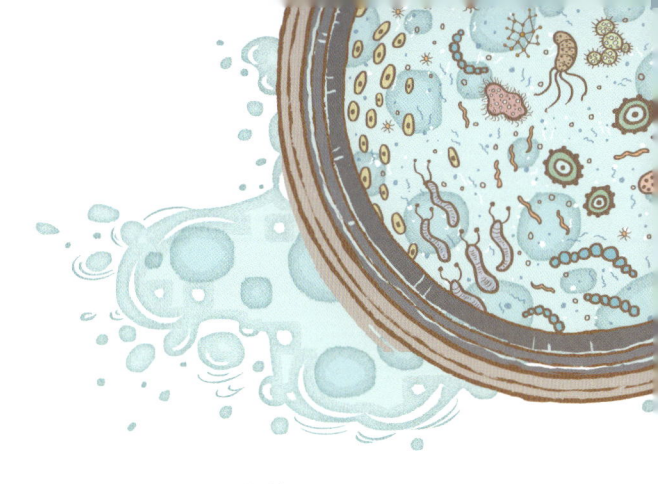

提出有意义的问题而不是天马行空的空想,而对于科学研究来说,提出一个有意义的问题和解决问题有着同等重要的价值;二是要意识到自己的信息缺口,也就是承认自己不知道、知道自己不知道,始终以谦逊的姿态向生活学习,就像饱满的稻穗总是谦逊地垂向大地。

其次还要着力培养敏锐的观察力,科学史上许多从不起眼的意外现象中揭开事物奥秘的经典案例,往往都得益于发现者敏锐的观察力。这是因为观察力能帮助我们从众多的偶然性中发现一般规律,从常人司空见惯的现象中意识到潜在的重大价值。观察的本质是从外界环境中汲取信息,所以我们要不断尝试,摸索出最适合自己的注意力分配模式,并调动多种感官、多种方法去获取信息。此外,观察力的培养与好奇心的培养有共通之处,都得有一定的知识储备,已有的知识越多,越能有新的收获,这恰好构成了一个令人期待的良性循环。

现在,我们将一同去探索生活中的"宝藏",探究那些值得被关注的细微之处,相信这也能带给你启发,发现自己生活中的精彩之处。

Day1 保持好奇心

安东尼·列文虎克
生卒年　1632—1723
国　籍　荷兰
主要成就　发现微生物和精子。

具备旺盛好奇心和求知欲的探索者，为人类的科学史贡献了诸多重大发现，杰出的显微镜专家和微生物学的开拓者列文虎克就是其中的代表。列文虎克利用工作闲暇研磨透镜，并尝试开发出它们更大的利用价值。凭借着自己的勤奋和独特的才干，列文虎克制造出了能将物体放大近300倍的显微镜，这是当时放大倍率最大的显微镜。

拥有了得心应手的工具之后，列文虎克就开启了自己的观察之旅。日常生活成为他的观察素材，比如他经常拿起显微镜对着空气和水进行观察，猜猜列文虎克观察到了什么？

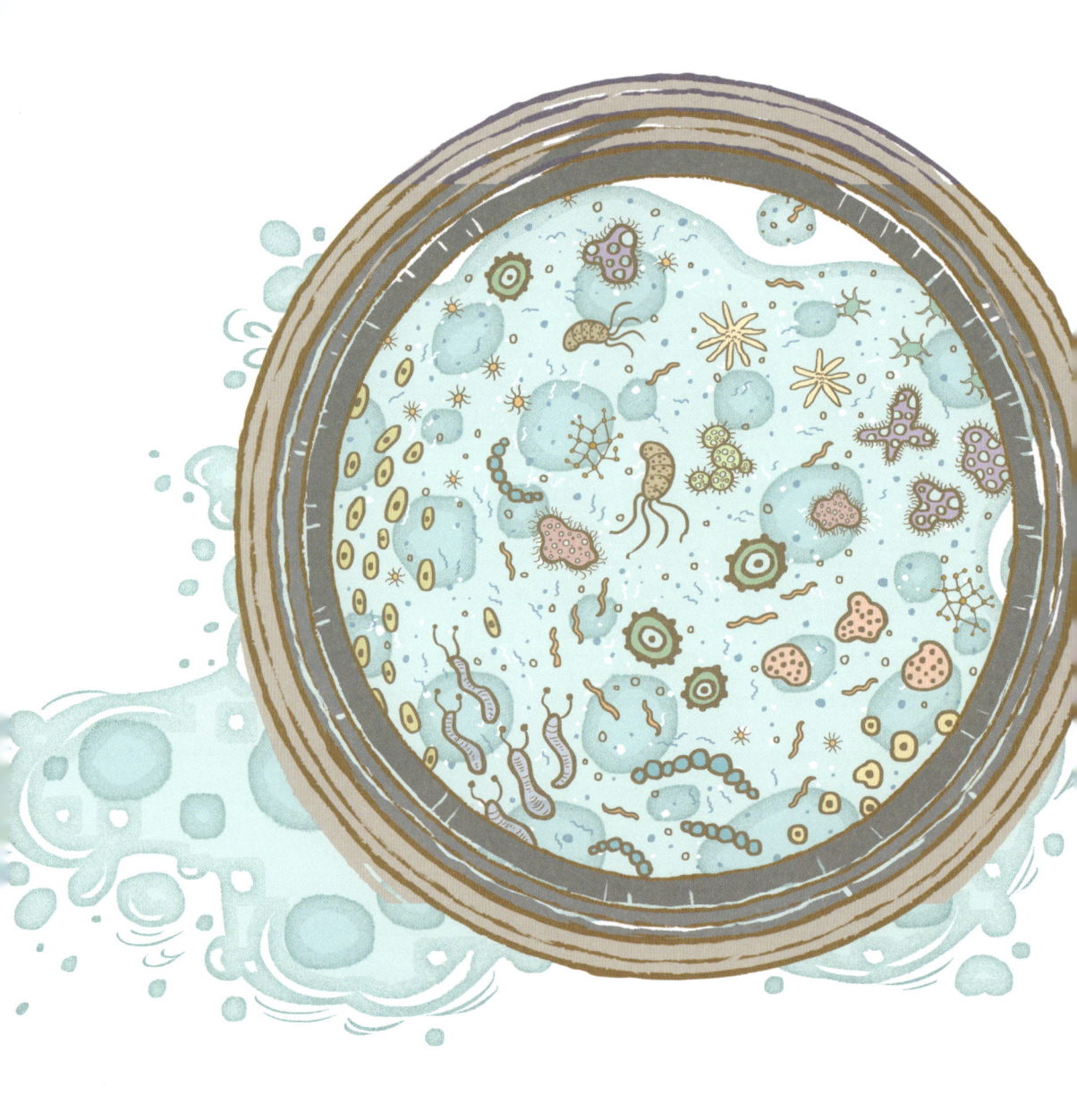

列文虎克在水滴中观察到了一个前所未见的微观世界。

没错，列文虎克观察到的就是微生物，列文虎克曾这样形容："它们小得不可思议，如此之小……即使把一百个这些小动物撑开摆在一起，也不会超过一颗沙子的长度……"

主编有话说

微生物

微生物是指包括细菌、病毒、真菌、原虫等在内的一大类生物群体，通常它们个体极其微小，需要借助显微镜才能观察到。

主编有话说
微生物学

微生物学是近代生物学的分支学科之一。它是在分子、细胞或群体水平上研究各类微生物的形态结构、生长繁殖、生态分布和分类进化等生命活动的规律和特性，并将其应用于工业发酵、医学卫生和生物工程等领域的科学。

这下子，列文虎克就像是发现了梦幻世界的入口，彻底被这些小生命迷住了。他不断拓展观察的领域，甚至提取自己的身体组织作为观察样本，成为最早观察并记录肌纤维、细菌、精子、微血管中血流的科学家。但当时的人们尚未意识到其中的科学价值，只是当作一件新鲜事，直到微生物学逐渐发展起来，人们才恍然大悟，原来列文虎克的发现如此重要。

列文虎克得以发现微观世界的关键工具就是显微镜。显微镜是由一个透镜或几个透镜组合在一起制成的光学仪器，可以将微小的物体放大成百上千倍，方便人们观测肉眼看不到的微观世界。早期的光学显微镜可以把观察对象放大数百倍，今天的科学家已经研发出了放大倍率高达数百万倍的电子显微镜。

主编有话说

然而，列文虎克并不是显微镜的发明者。最早的显微镜出现在 16 世纪末期，由荷兰眼镜商人制造，可惜的是人们没有用它做过重要观察。列文虎克不仅自制放大倍率更大的显微镜，还首次观测到了各种各样的微生物。此外，科学家伽利略也用显微镜观察了昆虫的复眼。这说明司空见惯的事物中也可能蕴藏着潜在的巨大价值，就看我们有没有一双慧眼去发现它。

目镜（用眼睛进行观察，有放大作用）

镜筒

物镜（有放大作用）

载物台（放置观察物）

通光孔（让光线通过）

反光镜（让光线反射进通光孔）

早期显微镜的结构

Day2 小事物带来的大灵感 1
——防毒面具

> 毒气！

> 这是什么鬼东西！？

> 救命！

> 我没办法呼吸了！

> 快救救我……

科学技术是一柄双刃剑，可以造福人们的生活，也能成为夺走生命的武器。在 1914 年爆发的第一次世界大战中，由于交战双方都有很强的工业实力与军事力量，因此战场上的对抗常常显得势均力敌，双方付出惨重的伤亡代价也难以打破僵局。为了夺得战场上的主动权，交战双方不断运用第二次工业革命以来取得的科技成果，研发新型装备，其中就包括一些非常不人道的武器，比如毒气。

德国军队首先将毒气用于实战，由于猝不及防，协约国军队遭受了重大损失，被毒气攻击的士兵经历了极为痛苦的折磨。

为了对抗毒气攻击，军工专家试图研发一款让士兵在毒气中也能正常呼吸的装备。这时，前线的一个案例引起了他们的注意：一次毒气攻击中，驻守的士兵损失惨重，但在同一区域的猪却幸存下来。经过深入的调查研究，军工专家发现，当遇到毒气袭击时，猪会本能地用嘴拱地，松软的土壤颗粒可以过滤、吸附一部分毒气，猪也因此逃过一劫。

> 猪拥有天然的防毒面具。

> 它们……怎么不怕这些毒气？

在猪的启发下，第一代**防毒面具**诞生了。它能够保护佩戴者的关键在于滤毒罐。滤毒罐里有多层滤芯，由纤维网、活性炭等物质层层叠加在一起，可以将吸入的有害物质一层层吸附掉，最终留下可以呼吸的空气。带有滤毒罐的早期防毒面具的外形，是不是的确很像小猪呢？

> 防毒面具可以隔绝毒气，保护士兵，保护范围包括眼睛、鼻子和嘴巴。

> 呼——你别说，传统的防毒面具确实挺像小猪的。

▶ **延伸知识**

活性炭是一种优良的吸附剂。它是利用煤炭、木材等作为原料，通过物理和化学方法进行破碎、过筛、催化剂活化、漂洗、烘干和筛选等一系列工序加工制造而成的。活性炭具有物理吸附和化学吸附的双重特性，可以有选择地吸附气体、液体中的多种物质，以达到脱色、消毒、除臭、去污和提纯等目的。

随着科技的发展和军事竞争的加剧，继早期的过滤式防毒面具之后，军事工程师又开发出隔绝式防毒面具。隔绝式防毒面具整体密闭防毒，面具和氧气贮存或发生装置相连，主要在高浓度染毒空气中以及缺氧的高空、水下或密闭舱室等特殊场合下使用，能有效地防御战场上可能出现的毒剂、生物战剂和放射性灰尘。

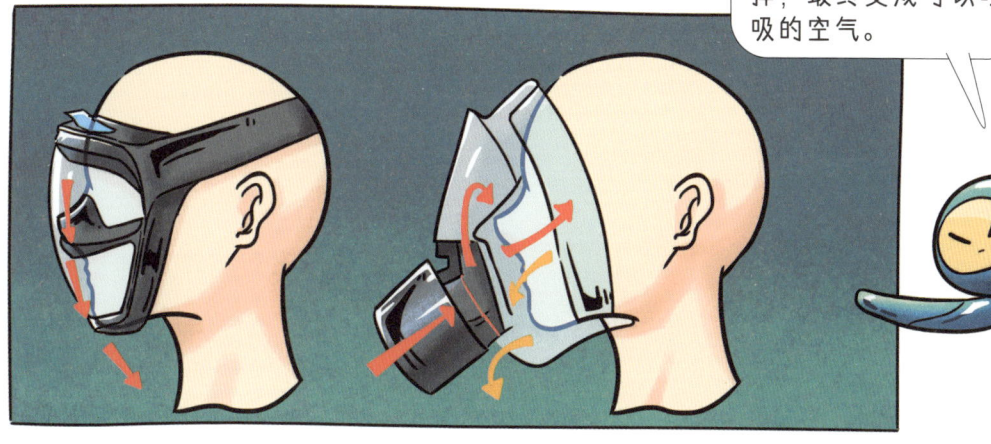

> 过滤式面具的关键在于滤毒罐，这里有很多层滤芯，由纤维网、活性炭等物质层叠在一起，可以将吸入的有害物质一层层吸附掉，最终变成可以呼吸的空气。

但毒气等生化武器归根到底是一种极为不人道的武器，为此，1993年国际社会签订了《关于禁止发展、生产、储存和使用化学武器及销毁此种武器的公约》，禁止发展、生产、储存和使用化学武器。我国一贯主张禁止使用大规模杀伤性武器，严格恪守这一公约，为维护世界和平作出了重大贡献。

> 那如果空气里的氧气不够了呢？

> 如果氧气或气压过低，就应该使用密闭防化的方式，从氧气罐里吸氧气，也就不会吸入毒气了。

Day3 小事物带来的大灵感 2
——声呐

科技史上的重要发明发现当然不会是凭空构想出来的,往往源自一个富有创意的灵感,而灵感的激发离不开细致敏锐的观察,观察现象,钻研本质,小事物也能带来大灵感。

> ▶ 延伸知识

随着科技的进步,潜艇的下潜深度也不断被突破。第一次世界大战期间,潜艇的下潜深度约 60~70 米,第二次世界大战期间增至 200 米左右,今天潜艇的下潜深度甚至超过 700 米,这一深度的海域中已没有任何可见光。

潜艇的作战方式主要是追踪、伏击,这就要求潜艇能够很好地隐蔽自己,因此潜艇常常潜入深海来隐匿踪迹。但水深到达百米后,几乎就没有可见光了。在暗无天日又暗流汹涌的深海世界,潜艇要怎样才能安全航行呢?这时候,潜艇就借鉴了一种动物的导航与定位方式——靠"耳朵"来代替"眼睛"。

那就是蝙蝠。你发现了吗？潜艇活动的深海空间和蝙蝠生活的洞穴环境有一定的相似之处——光线极差，几乎无法用目测的方式来观测，同时环境复杂，需要有准确的导航和定位手段。

蝙蝠在能见度极差的环境里飞行是不靠眼睛，而是靠耳朵和发声器官。它会发出一种声频很高的尖叫声，这是一种超声波信号，人类无法听到。超声波信号若在飞行路线上碰到其他物体，就会立刻反射回来，蝙蝠在极短的时间内就可以判断出目标的位置和距离，并绕开障碍物，这种现象称为回声定位。蝙蝠的这一本领启发了工程师，制造出可供潜艇在水下使用的声呐。

▶延伸知识

声呐是英文缩写"SONAR"的中文音译，全称为声音导航与测距。声呐技术是1906年由英国海军军官刘易斯·尼克森发明的，最初用来侦测冰山。第一次世界大战期间应用到战场上，用来侦测潜藏在水底的潜艇。

那……声呐的工作方式是什么样的呢？

现代潜艇的声呐，被安装在潜艇的两侧和头部。

用仪器模拟蝙蝠，就需要水下的"振动波"和仪器能够处理的信号进行相互"转换"。

当我们接收到水中传回来的水波振动时，需要处理成计算机可以识别的东西。

换能器

这种将"振动能量"转换为"电信号能量"的仪器，叫作换能器。

而是按照一定的间距，组成各种形状的"换能器阵"。

水声换能器从来不"单打独斗"。

换能器阵

114

学名"声呐"的这个大"拼装件",有个直观的名字——水听器。

声呐

既发射声波,也接收射回来的声波的声呐,叫作主动声呐。

只接收外来声波信号的声呐,叫作被动声呐。

Day4 拍脑袋迷思1
——多印钱人人就能富有了吗

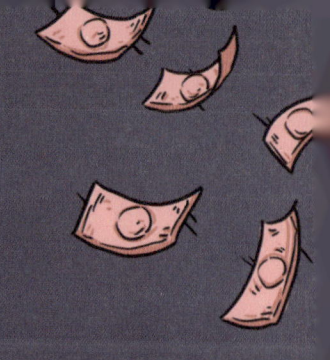

> ▶ **延伸知识**

钱是我们非常熟悉的事物，它有很多别称。比如古人称钱为"泉"；中国古代的铜钱中间多有个方形的孔，所以钱又被称为"孔方"；汉朝人邓通曾获命铸造钱币，所铸的钱广为流传，以至于人们用他的名字"邓通"来代指钱。这些都是关于钱的有趣称呼，不过，钱在经济学里有个正式的名字——"货币"。

对于科学研究而言，提出一个有意义的问题，其价值不逊于解决一个问题。生活当中，有哪些现象会引起你的不解和好奇呢？也许一个简单的迷思，也能蕴含着深刻的哲理。

一个专属的存钱罐——这可是许多人的童年宝贝，小心翼翼地把零花钱、压岁钱存起来，期待着去买自己心爱的东西。有时存够了钱，顺利买到了，便成了童年难忘又美好的回忆；有时钱不够，只能失望而归，这时候也许你会幻想：为什么不能多印一些钱呢？这样人人都能变得富有、买到自己想要的东西了呀。要回答这个问题，首先我们要重新认识一下"钱"。

> 刚刚获得了全球"人见人爱之星"的特别大奖！能获得这个奖，受到全世界人民的喜爱，我感到非常荣幸！

在很久远的古代，人们通过以物易物的方式来进行交易，而要换到自己想要的东西往往要经过好几轮交换，非常麻烦。因此，人们开始用一种大家都乐意接受的东西作为交换的媒介，货币也就由此诞生了。现代的纸币是由国家来统一发行的，纸币本身没有价值，但可以代表各种东西的价值，这是国家通过法律确定的，因此叫作"法定货币"。我国的法定货币是人民币。

▶延伸知识

原始的货币有很多形态，可以是贝壳、粮食、盐。接着出现了金属货币，比如我们熟悉的铜钱。再后来，更为便捷的纸币出现了。宋朝时出现的"交子"是中国最早的纸币，也是世界上最早的纸币。

啊，简直要晕了！看来物物交换并不能总是那么凑巧啊，这时要得到自己想要的东西可真麻烦！

很多时候，多印一点儿钱是有好处的。相比钱的价值，人们对钱的数量会更敏感。当手里的钱变多了，即使实际上货币贬值了，人们还是觉得自己变得更富有了。
哈哈哈，我变富了！
于是人们会买更多的东西。
厂家会生产更多的东西。
一切看起来都很好！

人们用钱买不到东西，孩子们用钱堆积木，妇女们用钱来点火做饭！

当货币发行量过多时，情况就完全不同了。1921—1924年，德国因为战争赔款变得很穷，于是政府开始大量印刷纸币，造成了严重的通货膨胀。

妈妈还要用它烧火做饭，咱们给她留点儿。

用纸币糊墙吧！

用钱来糊墙都比用纸更划算！

进入21世纪后，因为津巴布韦政府的一些错误政策，当地出现了历史上最严重的恶性通货膨胀！

这个多少钱？

1 000 000 000。

Day5 拍脑袋迷思 2
——神奇的商品价格

孩子们对拥有过山车、摩天轮等酷炫设施的游乐园心驰神往，心心念念盼到了假期，当他们兴致勃勃地来到游乐园时，却发现门票价格比平常贵了，不由得感慨一句：真是学校一放假，游乐园就涨价。不过，这二者之间，真的有关联吗？而且，即使门票价格涨了一大截，游乐园里依然人山人海，这又该怎么解释呢？

游乐园门票是商品，除此之外，还有许许多多的商品的价格也会波动。如果我们留心观察，会发现，有的商品一涨价，购买它的人就少了很多，有的商品就算涨了价，购买它的人依然很多，比如假期时的游乐园门票。这说明商品的需求量会受价格影响，但受影响的程度各不一样，甚至有着巨大的差异。经济学家用"<u>价格弹性</u>"来描述这种现象。

> **主编有话说**
>
> **价格弹性**
>
> 价格弹性指价格变动引起的市场需求量的变化程度。有些商品的销量受价格的影响很大，就是富有弹性；有些商品的销量随价格变化的程度很小，就是缺乏弹性。

价格也是有弹性的。

商品的价格弹性受多种因素的影响：商品对于消费者的重要性，比如生活必需品的价格弹性小，奢侈品的价格弹性大；有没有可替代的商品，可替代的商品越多、性质越接近，那么价格弹性就越大，反之则越小；购买它的支出占人们收入的比重，比重大则价格弹性就大，比重小则价格弹性就小。

▶ **延伸知识**

回到我们开头的案例，热门游乐园是许多孩子假期里必去的地方，即使门票涨价，对购票需求的影响也很小。相比之下，一些不那么受欢迎的景区对于大部分人来说"去不去都行"，因此这些景区的票价会很低。这也启示我们，假期出游前可以对目的地的景区提前做一些了解，把它们划分出不同的等级。

这里被称作"全球最美的海滩"之一，游客都会想来看一看。

难怪涨价了还有这么多人呢！

我就知道自己又捡便宜了！

无论我们逛实体商场，还是进行时髦的网上购物，不难发现，许多商品的价格标签上都标注着¥9.9、¥19.9、¥199……为什么它们不约而同都以"9"作为价格的结尾呢？

这实际上是一种定价策略，利用了人的阅读习惯。人们是从左到右看价格的，第一个数字决定了对价格的第一印象。比如价格标为"¥199"，给人的感觉是一百多块钱，而标为"¥200"，就让人感觉商品价格上了一个台阶。实际上199元只比200元少了1元钱。所以，这种定价策略可以让消费者产生"这个价格挺实惠"的心理暗示。

这款衣服不到200元，不贵！

除了尾数为"9"的定价策略，企业还有许多类型的活动，以刺激消费者购买商品，统称为营销策略。比如商场会特意给部分商品定超低的价格来吸引消费者，并让消费者产生"这个商场里的商品都很便宜"的错觉，这就是"晕轮效应"。

比如商场经常会举办"购物满200减20"等类似的满减活动，刺激一部分消费者为了享受到优惠而购买了更多的商品；

再比如商家还会举办预付定金享受优惠的活动，而已经支付的定价就成了一旦付出便无法收回的"沉没成本"，即使后来不想要了，但"沉没成本"已经付出，一部分消费者还是交了尾款。

主编有话说

尽管经济学家提出"理性人"的概念，也就是假设人们在经济活动中总是保持理智的；但实际上，人们消费时有很多不理性的行为。在层出不穷的营销策略面前，我们要做到理性消费。

营销策略

定价设计
9.9元抽纸
优惠套餐
预付定金
制造爆款
品牌包装

章节小练

01 列文虎克是（　）的开拓者。
   A. 微生物学
   B. 古生物学
   C. 分子生物学

02 蝙蝠利用（　）来导航、定位，启发工程师制造出了潜艇使用的声呐。
   A. 次声波
   B. 超声波
   C. 可听声

03 通常情况下空气不能成为商品，是因为空气不具备（　）。
   A. 实用性
   B. 稀缺性
   C. 收藏性

04 国家通过法律确定的货币叫作 _____ 。

05 货币的发行量并不是越多越好，如果发行了过多的货币，很有可能会引发 _____ 。

06 过滤式防毒面具能保护佩戴者的关键是滤毒罐里的 _____ 。

07 商品的需求量会受价格影响，但受影响的程度各不一样，甚至有着巨大的差异，是因为不同商品有着不同的 _____ 。

第五章 学会应用
——用知识改变生活

相信你一定听过这样一句话：科技改变生活。科学的大道上充满艰辛坎坷，一代代科技工作者的不懈求索，正是为了开创更美好的生活。

科技进步带来了全新的教育模式，学生获取知识的方式也不再局限于书本或课堂。通过视频直播等技术手段，打破了空间和时间的限制，为学习者极大地拓展了学习资源，也使教育资源更加均衡；同时，发展中的人工智能技术也有望为每个学习者制定因材施教的学习方案。科技使医疗水平不断提升，以往被认为得了不治之症的病患也有了被治愈的希望，人均寿命大大提高，"人生七十古来稀"变成了"我今七十不为奇"。科技也塑造着我们的生活，智能手机、卫星导航、移动支付……对今天的人们来说，几乎如同阳光和空气一样习以为常而又不可或缺，生活也因此变得便捷而舒适。

受益于科学家和工程师孜孜不倦的探索，我们普通人将所学到的知识应用于生活，本着学以致用的精神，让知识为我们服务。物理学知识可以让我们想出许多事半功倍的小窍门；化学知识可以让我们了解物质的成分；

生物学知识可以让我们更科学地看待身边的生灵；经济学知识可以让我们了解市场与经济的运行规律，树立更理性的消费观念……这时候，你会感到科学知识并不是藏在人迹罕至的象牙塔里，也不是少数人才能独享的专利，而是可以融入每个人的生活、服务每个人的生活。

总之，科学技术的进步已经为人类创造了巨大的物质财富和精神财富。在日新月异的 21 世纪，科学技术将继续发展创造力，为整个人类文明作出更大的贡献，也将为我们每个人的生活注入新的活力。

现在我们将一起探索自然科学和经济常识是怎样为生活服务的，期待你能将更多的知识应用于自己的生活。

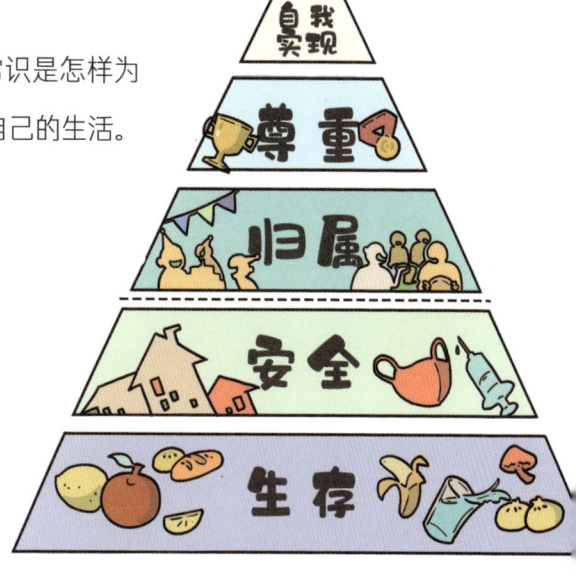

Day1 用物理知识方便生活

打扫卫生时，特别让人头疼的往往不是大件的垃圾，而是碎屑、尘埃、头发丝等极细微的垃圾，得用吸尘器才能清除得干干净净。在没有吸尘器的情况下，我们可以用套着塑料袋的扫帚扫地，细小的尘埃都仿佛被一股无形的力量吸引，纷纷"吸附"在了塑料袋上。这其实是"电"的功劳，不过，不是我们的电器平常用的电，而是"静电"。

主编有话说

静电

静电是处于静止状态的电荷。那么电荷又是什么呢？继续往下看吧。

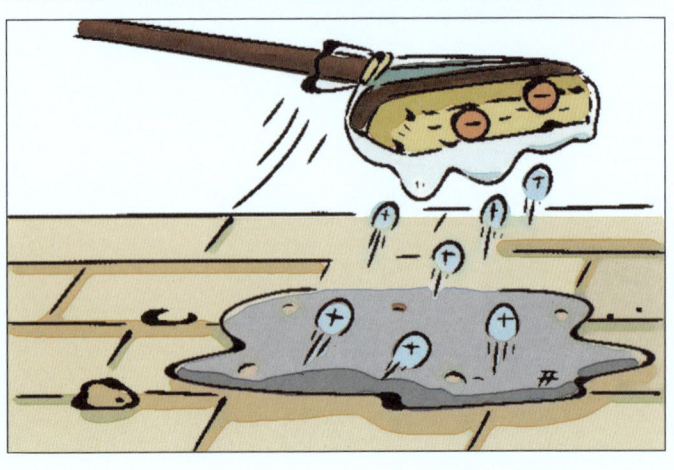

这得从微观世界的"分子"和"原子"讲起。

世界上的所有东西都是由分子和原子构成的。比如，氧气是由氧气分子构成的。

氧气分子是由两个氧原子构成的。

氧原子

中子不带电哦！

质子 中子 电子

原子内部包含质子、中子和电子三种微粒。其中，质子和电子身上分别带着"正电荷"和"负电荷"。

我们是电子，我们身上带负电荷。

原子中的质子就像散发着香气的花朵，电子就像四处寻找花蜜的蜜蜂。

电子永远围绕着质子运动，就像蜜蜂总是围绕着花朵采蜜。

不过，蜜蜂总会被别处的花香吸引，就像原子中的一部分电子也会被其他物体所吸引，比如梳头发时的梳子和头发。

我吸引了一大群电子，所以现在我身上带负电荷！

我身上的电子都跑了，所以我带正电荷！

当两个物体发生摩擦的时候，电子会被其他更强大的质子吸引，纷纷投奔过去。

这时候，正电荷和负电荷之间会释放出光和能量，有时还会发出"啪"的响声。这就是静电的来源。

而静电之所以能吸引细小的物体，是因为"电场"的存在，只要有电荷，就存在电场；在电场中，正电荷和负电荷总是相互吸引。塑料袋在地上摩擦后，正、负电荷产生了强大的静电场，便将尘土轻松吸起来。这就是物理学知识为我们支的一个生活小妙招。

我们总是相互吸引！

这个特性也能成为一个生活小妙招！

▶延伸知识

静电并不总是能"帮助"我们，对于石油化工企业来说，静电放电会引起火灾或爆炸。所以加油站等场所的工作人员，通常要求身穿可消除静电的特制服装。

Day2 用化学知识方便生活

主编有话说

氧化反应

氧化反应是指物质与氧发生的化学反应，氧气在此过程中提供氧。物质与氧发生的不发光的、缓慢进行的反应叫缓慢氧化，如金属锈蚀。

雕塑早已成为装点城市的一道风景线，但疏于保养可能会让这道风景线失去原本的美丽。比如公园大门前的铜狮子，刚落成时威风凛凛，但一段时间后，铜狮子的表面褪去了亮丽的光泽，长满了绿痘痘似的锈迹。

这是因为铜受到了氧气分子、二氧化碳分子和水分子的"联合攻击"，发生了氧化反应，因而产生了铜锈。

既然化学反应让铜狮子生了锈，那我们是不是也可以用化学的方法帮铜狮子除锈呢？

当然可以！那就是让铜狮子"回炉"。这里的"回炉"可不是大费周章地熔化成铜水再重新铸造，而是让铜狮子和木炭在炉子里一起蒸高温"桑拿"，出炉后它便能光亮如初了——为什么木炭有这样的本领呢？

▶ 延伸知识

喷砂除锈也是生活中常用的除锈方法。它以压缩空气为动力，形成高速喷射束将石英砂或其他喷料高速喷射到需要处理的物体表面，以除去锈蚀。但这一过程里并没有新的物质产生，是一种物理方法，并非化学反应。

因为木炭里的主要成分正是碳，碳具有还原性。在高温条件下，铜锈可以分解生成氧化铜，而碳可以把氧化铜还原成铜。这一过程属于还原反应。

氧化铜

木炭

铜

二氧化碳

> **主编有话说**
>
> **还原反应**
>
> 还原反应是指把物质氧化数降低（得电子）的化学反应。一个完整的化学反应中，还原反应与氧化反应一般是同时存在的。比如用木炭除铜锈的过程里，氧化铜被还原成铜，而碳被氧化成二氧化碳。

天然气燃烧

生活中常见的
氧化反应与还原反应

除了铜狮子的除锈，许多日常用品和生活妙招也都是利用了化学反应。比如我们用漂白剂漂白衣服，就是因为次氯酸钠溶解于水中时，会产生次氯酸，次氯酸是一种强氧化剂，染料分子被氧化，变成了白色的化合物，漂白就完成了。

氧化反应和还原反应在我们身边非常常见，期待你能发现更多为我们生活"服务"的化学反应。

漂白　　　　　酿醋

Day3 用生物知识造福世界

▶ **延伸知识**

红豆杉分布于北半球的温带至热带地区，是第四纪冰川遗留下来的古老树种，在地球生存已有250万年。红豆杉生长极为缓慢，种子需要两冬一夏才能萌芽，一棵百年树龄的红豆杉，胸径往往仅有40厘米。20世纪60年代，科学家在红豆杉树中发现了一种叫紫杉醇的物质，有助于治疗癌症。

随着科技的进步和人们生活水平的提高，人们对于生命健康也越来越有追求，而癌症正成为现代人生命健康的一大威胁。有助于治疗癌症的药物往往蕴含着巨大的经济价值，但这犹如一柄双刃剑，也给一些物种带来了危机。

比如人们发现红豆杉树皮中提取出的一种物质对于治疗癌症有一定作用，于是开始大量采伐红豆杉。红豆杉本身就数量稀少，而且在自然环境中生长缓慢，所以这一古老的树种很快就到了濒临灭绝的边缘。

能有什么办法保护红豆杉呢？

得益于细胞工程中的植物组织培养技术，红豆杉濒临灭绝的危机得以从根本上扭转。通过植物组织培养和人工保育种植，我国已经建设起了全世界规模最大的红豆杉林场。

> **主编有话说**
> **植物组织培养**
>
> 植物组织培养是指将从植物身上分离下来的器官、组织或细胞，培养在人工配置好的营养物质里，再给它们提供适宜的培养条件，从而形成完整的植株。

用一片叶子就能培养出成千上万株植物的植物组织培养技术，就像孙悟空吹一撮毫毛就能变出千万个孙悟空一样神奇。除了保护珍稀植物，植物组织培养技术在农业、医药等方面都有广泛应用。

比如20世纪60年代，荷兰科学家利用植物组织培养技术成功培育出了兰花。今天花卉出口已经成了荷兰的重要产业，带来了可观的收入。中国的园艺工作者也利用组织培养技术培育了许多珍稀的观赏植物，让这些原本非常名贵的花卉也能"飞入寻常百姓家"。

▶延伸知识

植物组织培养过程中，由于种苗在可立体摆放的培养瓶中生长，因此所占用的空间很小。而且生产可按一定的程序严格执行，生产过程可以微型化、精密化，能更大限度节省人力、物力和财力，取得很高的生产效率，如在一个200平方米的培养室内一年可生产试管苗上百万株。得益于植物组织培养技术这方面的优势，仅拥有面积不大的农业用地的荷兰成为世界上重要的花卉出口国。

这就是用植物组织培养的兰花呀！

真的太好看啦，我好喜欢！

要培养动物细胞就要先获得动物细胞。首先从动物体内取出成块的组织，然后把这些组织打散成单个细胞。

这听起来就像榨汁机！

生活中的生物技术
——动物组织培养

那么，有没有动物细胞培养技术呢，它能怎样"服务"于我们的生活呢？

然后再把细胞放在培养瓶里，并放在适宜的条件中培养。

这话怎么似曾相识……

最后把培养的细胞收集起来，就可以获得相应的动物细胞及其产物啦！

哇！

用动物细胞培养技术构建出来的人造皮肤可以用于皮肤移植。

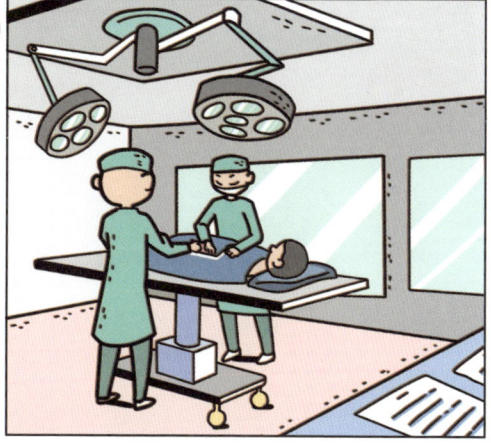

(139)

Day4
用经济知识
武装自己1
——理性消费

消费者是为了满足自己或他人的需求买东西，而不是赚钱就为了去买东西的人。这里的"需求"指的就是人们在生活中的各种各样的需求。饮食、娱乐、学习……这些都是人的需求，各种不同需求的消费支出在消费总支出中占的比重叫作消费结构。

▶延伸知识

消费结构能反映出一个家庭的富裕程度甚至一个社会的发展程度。比如经济学中经常出现的"恩格尔系数"，就是指食品支出占家庭总支出的比重。通常情况下，发达国家家庭的恩格尔系数较低，发展中国家家庭的恩格尔系数较高。

闷了想要出去玩。

饿了要吃饭。

冷了要穿衣。

这些都是需求。

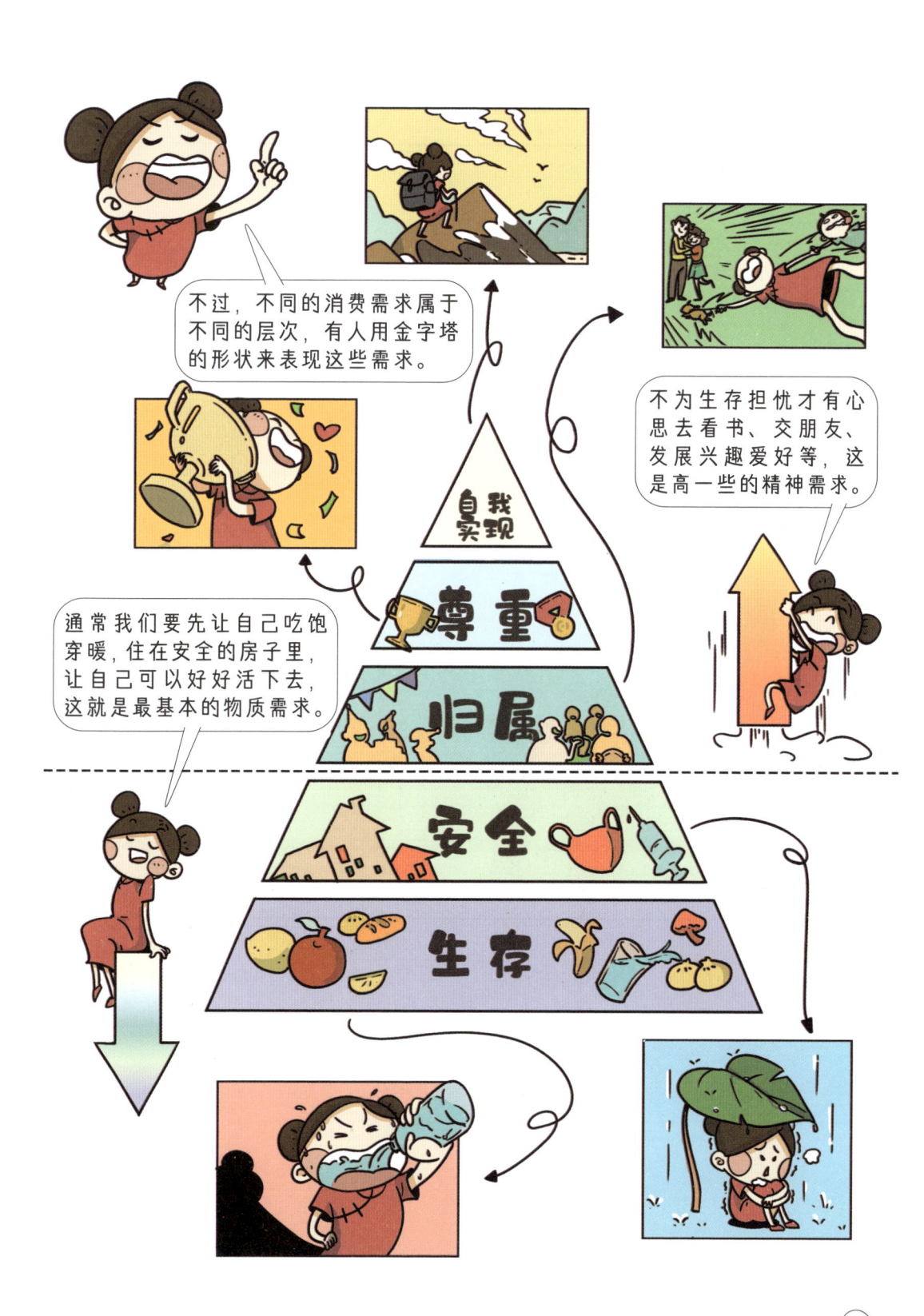

不过，不同的消费需求属于不同的层次，有人用金字塔的形状来表现这些需求。

不为生存担忧才有心思去看书、交朋友、发展兴趣爱好等，这是高一些的精神需求。

通常我们要先让自己吃饱穿暖，住在安全的房子里，让自己可以好好活下去，这就是最基本的物质需求。

自我实现

尊重

归属

安全

生存

但是消费并不简单，这不是一个只有"买买买"的过程。社会生产总过程中有生产、分配、交换、消费四个环节，四个环节之间相互联系、相互制约，而消费是社会再生产过程中的一个重要环节，也是最终环节。

> **主编有话说**
> **社会生产**
>
> 社会生产是指人们创造物质财富和精神财富的过程，社会生产的目的是满足人们物质文化生活的需要。

所有的生产、运输、销售的过程，最终都是为了消费。

● 生产

● 运输

● 销售

是不是应该消费越多越好呢?

对于社会,消费是生产的动力,企业卖出更多产品,就会扩大生产规模,从而使更多人得到就业机会,对经济的增长作用不可忽视;对于个人和家庭,消费能满足各项生活需求,带来便利、舒适的生活。既然消费有这么多好处,是不是消费越多越好呢?

▶延伸知识

经济学中把投资、消费、出口比喻为拉动国民经济增长的"三驾马车",在许多发达国家,消费长期稳居这"三驾马车"中的第一驱动力,可见消费对于经济增长的重要意义。

消费

收入

生产

> 那我们要多多消费吗？我还想要更多玩具！

> 我们不鼓励冲动消费和过度消费。

当然不是！我们不鼓励冲动消费和过度消费。

如果冲动消费，买了并不真正需要的商品，会造成很大的浪费；如果过度消费，不但耗尽了收入、积蓄，甚至可能越陷越深，贷款去消费，虽然享受了一时，但未来背负了负担和风险。

但消费也不是越节制越好。如果人们都很少消费，那么生产出来的商品就会普遍滞销，许多行业的劳动者也就无法获得收入，经济运行就会陷入停滞。

> 既然这样，那我们不如少消费一点儿吧！

> 消费过于节制同样不行。

那到底应该怎样消费呢?

我们应该合理消费。

所以,对于消费,我们既不要冲动过度,也不用过于节制,应该培养合理的消费观。比如我们可以量入为出,适度消费,也就是在消费前制定好预算,划分出各项开支的优先级,根据预算进行选择和取舍。我们可以避免盲从,理性消费,从自己的实际需求出发,不盲目跟风、攀比。我们还可以保护环境,绿色消费,在消费的过程中节约资源、减少污染。

▶延伸知识

2022年,国家发展改革委等七部门联合印发《促进绿色消费实施方案》,明确提出发展绿色消费,增强全民节约意识,反对奢侈浪费和过度消费,形成简约适度、绿色低碳、文明健康的生活方式和消费模式。

Day5 用经济知识武装自己2
——维护合法权益

消费市场上时常会有损害消费者权益的"陷阱",面对这些"陷阱",作为新时代的消费者,我们要敢于斗争、善于斗争。

作为一名"资深"的消费者,我在"买买买"的路上可是踩过不少"坑"。尽管多数商家会合法合规地经营,但还是有一些不良商家,试图通过坑蒙拐骗的手段来获利。

缺斤少两

一个苹果2斤?

以假充真

虚假宣传

保健品 包治百病 药到病除

诱导消费

欢迎光临

除了这些,不良商家的套路还有很多,以后买东西可要多多注意哦!

如果真的遇到这些情况也不要慌，作为消费者，我们的权益是受到国家保护的。
消费者权益保护法
保证安全
知悉真实情况
公平交易
维护尊严
自主选择
获取相关知识
监督批评
受到损害依法求偿
……
对不起，货物的来源我不能告诉你……
我有知道真实情况的权利，你得告诉我！
这是我们旅行团特有的低价购买项目，大家必须买东西哦。
我有自主选择权，你不能强制我们进行消费！
如果对方无论如何都不配合你的话，你还可以拨打12315电话求助，用法律保护自己的权益！

EXERCISE 章节小练

选一选

01 正电荷与负电荷总是（　　）。

A. 相互吸引

B. 相互排斥

02 室外的金属物体容易生锈，这是因为发生了（　　）。

A. 还原反应

B. 氧化反应

03 下列生活现象中属于还原反应的是（　　）。

A. 天然气燃烧

B. 粮食酿造成醋

C. 用漂白剂漂白衣服

04 社会生产总过程的最终环节是（　　）。

A. 消费

B. 生产

C. 分配

填一填

05 一个完整的化学反应中，还原反应与氧化反应一般是同时存在的，比如用木炭除铜锈的过程里，氧化铜被还原成铜，而碳被氧化成 _____ 。

06 通过 _____ 技术，我们可以将从植物身上分离下来的器官、组织或细胞，培养成完整的植株。

07 食品支出占总支出的比重是" _____ "，可以用来衡量一个家庭的富裕程度或一个社会的发展程度。

08 当消费者的合法权益受到损害时，可以拨打 _____ 电话求助。

后记

一起踏上了这五个台阶，你感觉怎么样？有没有觉得眼前的迷雾被吹散了一些？

其实，当你真正了解了你自己之后，你会发现很多事情都有的缘由，当我们了解了这些之后，才能利用它们来为我们的生活服务。这样，我们才能真正和自己友好相处。

这样的过程注定不是一蹴而就的，这本书只是交到你手中的工具，真正的路还需要你自己一点一点地摸索。不过不要担心，我们人类本来就是擅长使用工具的生物。中国古代思想家荀子在他经典的《劝学》中写了这么一段话："假舆马者，非利足也，而致千里；假舟楫者，非能水也，而绝江河。君子生非异也，善假于物也。"从古至今，我们通过使用各种工具来拓展极限，相信这一次，进入到社会中的你也可以使用你所知道的一切知识来让自己的人生变得更加多姿多彩。

书中有很多问题值得你去深思，这些问题并没有标准的答案，就像是玩大富翁游戏一样，你掷下来的骰子，做出来的不同选择，都影响着人生前进的方向。哪个方向都可能有惊喜，也都可能有荆棘，但你只需要大步地向前走去，未来自然会等着你。

答案

第四章答案

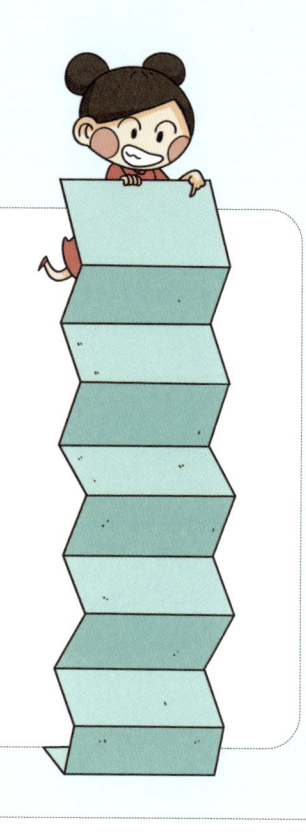

1. A
2. B
3. B
4. 法定货币
5. 通货膨胀
6. 活性炭
7. 价格弹性

第五章答案

1. A
2. B
3. C
4. A
5. 二氧化碳
6. 植物组织培养
7. 恩格尔系数
8. 12315

作者团队

米莱童书 | 米莱童书

米莱童书是由国内多位资深童书编辑、插画家组成的原创童书研发平台。旗下作品曾获得 2019 年度"中国好书",2019、2020 年度"桂冠童书"等荣誉;创作内容多次入选"原动力"中国原创动漫出版扶持计划。作为中国新闻出版业科技与标准重点实验室(跨领域综合方向)授牌的中国青少年科普内容研发与推广基地,米莱童书一贯致力于对传统童书进行内容与形式的升级迭代,开发一流原创童书作品,适应当代中国家庭更高的阅读与学习需求。

策 划 人: 韩茹冰
统筹编辑: 韩茹冰
原创编辑: 王晓北 李嘉琦 陶 然 张秀婷 王 佩 孙国祎
　　　　　　雷 航
装帧设计: 刘雅宁 张立佳 汪芝灵 胡梦雪 马司文